AV

AISTHESIS argonautenpresse

Christa Meier-Drave

Nylons mit Naht

Mädchenjahre in den Fünfzigern

AISTHESIS VERLAG

Bielefeld 2010

Abbildung auf dem Umschlag:
„Im Hutladen" von Karin Meier, 11 Jahre alt
(21 x 28 cm, Bleistift und Wasserfarbe auf Papier);
Schülerarbeit aus dem Jahr 1951,
Klasse Quinta c, Mädchengymnasium Detmold.

Bibliografische Information der Deutschen Nationalbibliothek

Die Deutsche Nationalbibliothek verzeichnet diese Publikation in der Deutschen Nationalbibliografie; detaillierte bibliografische Daten sind im Internet über http://dnb.d-nb.de abrufbar.

Postfach 10 04 27, D-33504 Bielefeld
Satz: Germano Wallmann, www.geisterwort.de
Druck: Hubert & Co., Göttingen

ISBN 978-3-89528-805-0
www.aisthesis.de

Für E.

Der neue Mantel ist der alte,
aufgetrennt und gewendet für einen neuen Schnitt.

Das Haus vor der Recke an der alten Dorfstraße war viele Jahre lang unser Elternhaus. Längst ist es leergeräumt von Möbeln, Teppichen, Bildern, Büchern und Haushaltsgeräten, die mein Leben und das meiner Eltern und Geschwister mehr als ein halbes Jahrhundert lang begleitet haben. Eine junge Familie ist eingezogen und erfüllt das alte Haus mit neuem Leben.
Wir hatten nach dem Tod unserer Eltern einen Container bestellt. Seine große Metallöffnung nahm die ehemals liebevoll ausgesuchten und gepflegten Möbel auf, verschluckte den großen Wohnzimmertisch und die Stühle, die Ehebetten und Nachtschränkchen, die Frisierkommode, den Hausrat aus Küche, Keller und Dachboden. Einen Panzer aus Vernunft mussten wir anlegen, als die von Erinnerung schweren Stücke mit lautem Getöse im Container zerbrachen.
Hier und da wurde ein kleines Möbel zur Seite gestellt, eines von den guten alten. Vaters Schreibtischstuhl, Mutters Nähtischchen, das Bild aus der Guten Stube, der dreiteilige Spiegel, die Fotokiste. Erinnerungsstücke. Man verstaute sie im Gepäckraum eines Personenwagens, und sie gesellen sich seitdem zu den modernen Möbeln der längst erwachsenen Kinder an entfernten Orten.

Das Haus vor der Recke stand zum Verkauf. Mein Leben hatte sich hier abgespielt, vor dem Erwachsensein. Ich muss noch einmal zurück, noch einmal nachschauen. Mit geliehenem Schlüssel öffne ich die schwere Haustür, durchstreife den Keller, die Wohnräume, die Flure, das Treppenhaus. Alles leergeräumt.

Ich steige hinauf zum Dachgeschoss. Die kleine Abstellkammer unter der Schräge war der Ort für alte Kleider, Gardinen, Teppichreste, Tapetenrollen und allerlei Haushaltsgegenstände. Hierhin verschwand das Alte, Abgelegte, wenn Neues kam.

Ich öffne die schmale Tür, betrete mit gebeugtem Rücken den niedrigen Raum. Weiches Licht fällt durch die milchige Glasdachpfanne. Ist hier leergeräumt? Nein! Wir haben sie vergessen, diese winzige Kammer für das Ausgediente. Vorsichtig hebe ich Stück für Stück hervor. Die alte Stehlampe liegt versteckt hinter der Tür, der nierenförmige Blumenhocker, belegt mit Mosaiksteinchen, der Servierwagen namens *Dinett,* der Wäschepuff, kunststoffbeschichtet mit Blumendekor, alte Schulhefte, eine Sammelmappe mit Schülerzeichnungen.

In eine Schatzkammer voller Erinnerungsstücke aus der Zeit des Wirtschaftswunders bin ich geraten. Wie aufregend war es, als Mutter begann, die Wohnung modern einzurichten. Die Stehlampe hatte ich gemeinsam mit ihr ausgesucht. Fuß, Ständer und drei biegsame Arme aus goldglänzendem Messing mit zarten Schirmchen. Tütenform. Ich berühre die Messingarme und wische feinen Staub von dem glatten Elefantenpapier der Schirmchen. Mattes Rosa schimmert hervor, zartfarbig wie die baumwollene Goldlitze an den Rändern der Tüten. Sie geben der modernen Lampe einen Hauch verspielter Romantik.

Neu und modern, das musste sein, damals, aber auch nostalgisch und anheimelnd wie die Zeit selbst, aus der das Möbel stammt. So erinnere ich die Jahre meines Erwachsenwerdens.

Ich bin elf Jahre alt. Es ist die Zeit des beginnenden Wirtschaftswunders mit einer Fülle an Verlockungen und Unbekanntem. Ich bin voller Lebensfreude, Neugier und Vertrauen in die Zukunft. Radio, Illustrierte und Film erobern den kleinen Ort meiner Kindheit und Jugend. Konsumgüter kommen in PKW und Lieferwagen. Dinge und ihre Namen, alte Bräuche, das Kaufverhalten, das Denken und Fühlen verändern sich. Der Krieg scheint vergessen.
Die *Woll- und Seidenstrümpfe* müssen den *Perlon- und Nylonstrümpfen* weichen, die baumwollenen Unterröcke dem *Petticoat,* aus einem *Pölter* wird ein *Pyjama* und die *Feste* werden zu *Parties.* Die Mädchen sind nicht länger *Backfische* sondern *Teenager,* und das *Pollholt* im Dorf nennt man jetzt die *Halbstarken*.
Mein Vater registriert die kleinen und großen Veränderungen im Dorf und im eigenen Haus mit Skepsis und Humor. Er schmunzelt und verkündet: „Vornehm geht die Welt zugrunde!"

Bürgermeister
Inmitten des Wandels ist Onkel Simon Klöcking unser Bürgermeister. Das ist gut. Er ist einer von den Bedächtigen, kennt das Leben der Dörfler seit seiner Kindheit und weiß um ihre alltäglichen Gewohnheiten. Die Sorgen und Wünsche der Bürger sind ihm bestens vertraut, denn er hat Kriegs- und Nachkriegszeit am Ort erlebt.
Simon Klöcking ist kein reicher Mann. Als Frührentner, Invalide des Ersten Weltkriegs, hat er ein geringes Einkommen, und die Entschädigung für sein Bürgermeisteramt ist nicht der Rede wert. Trotzdem fühlt er sich als gewählter SPD-Bürgermeister verpflichtet, sein Amt *nach bestem Wissen und Gewissen* auszuführen. Die Bewohner des Dorfes vertrauen ihm und freuen sich, dass jemand aus ihren Reihen im Ort das Sagen hat. „Klöckings Simon ist einer von uns",

sagen die Leute, und er selbst fügt mit leichtem Schmunzeln hinzu: „Ich habe mein Abitur auf der Volksschule gemacht."

Onkel Simon ist Mutters Cousin und wohnt zusammen mit Tante Fine und Gunda in einem kleinen Siedlungshaus an der Alten Straße, nur wenige Minuten von meinem Elternhaus entfernt. Gunda ist die Nichte von Simon und Fine. Sie kam irgendwann während des Krieges aus dem bombengefährdeten Ruhrgebiet und blieb.

Wenn ich Gunda besuche, sitzt Onkel Simon gewöhnlich in der Wohnküche auf dem roten Plüschsofa und raucht. Wie eine wabernde Krone aus Dampf umhüllt Zigarrendunst seinen ergrauten Kopf mit dem schütteren Haar, und die kleinen Augen in dem zufriedenen Gesicht schauen durch weißen Nebel in die Runde. An manchen Tagen kommen Männer aus dem Dorf zu Klöckings in die Küche. Gemeinderäte. Vorgespräche für die nächste Sitzung. Man redet über dies und das, fragt, diskutiert und macht Notizen für den Aktenordner. Der liegt auf dem Küchentisch.

Manchmal klingelt das Telefon im Nebenraum. Das ist die *Gute Stube* von Onkel Simon und Tante Fine. Sofort ist Gunda zur Stelle, denn erst seit der Onkel Bürgermeister ist, gibt es das aufregend neue Gerät im Haus.

Tischfernsprechgerät heißt es, wenn man genau ist. Es steht auf Onkel Simons Schreibtisch und ist ein schwarzes Gehäuse aus Bakelit. Es ähnelt einem kleinen Pyramidenstumpf, auf dem die Gabel als Halter für den Hörer montiert ist. Der dient nicht nur zum Hören, sondern auch zum Sprechen. Wie ein handgroßer Knochen sieht er aus und trägt an seinen beiden Enden je eine Lochscheibe, einem Sieb ähnlich. Das sind Hörmuschel und Sprechmuschel. Ein kurzes Kabel verbindet den Hörer mit dem Fernsprechgerät.

Gunda hebt den schweren Hörer von der Gabel, legt ihr Ohr an die Hörmuschel und lauscht gespannt auf die verzerrte Stimme am anderen Ende der Leitung. „Du sollst Herrn Gerbes anrufen, heute noch", gibt sie die Nachricht an ihren Onkel weiter. „Das will ich gleich erledigen", murmelt Onkel Simon. Er erhebt sich schwerfällig aus dem Plüschsofa, legt seine Zigarre auf den Aschenbecher, schiebt den Küchentisch zur Seite und geht zu seinem Schreibtisch im Nebenraum. Er weiß, es geht um ein wichtiges Telefonat. Auf dem Friedhof soll ein Ehrenmal für die Gefallenen und Vermissten der beiden Weltkriege errichtet werden, das erste große Projekt des demokratisch gewählten Gemeinderates nach dem Zusammenbruch 1945. Ein Bruder des Bürgermeisters ist unter den Toten.
Onkel Simon sucht im gelben Telefonbuch der Post und murmelt vier Ziffern. Die muss er wählen. Eine Wählscheibe mit zehn kreisrunden Löchern ist schräg vor dem Apparat befestigt. Unter den Löchern sind die Zahlen von 0 bis 9 aufgemalt, weiß auf schwarz. Onkel Simon hebt den Hörer von der Gabel und hält die Muschel an das Ohr. Er steckt seinen rechten Zeigefinger in ein Ziffernloch, dreht die Scheibe bis zur Null hinunter, löst den Finger und lässt sie leise surrend zurückschnellen. Vier mal muss er wählen, und vier mal ertönt das Surren der Wählscheibe. Sein Ohr vernimmt in der Ferne einen schrillen Klingelton. Onkel Simon wartet. Dann endlich ein Schmunzeln in seinem Gesicht: „Na Fritz, du bist am anderen Ende der Strippe!"
Unser Bürgermeister freut sich über die neue Technik. Es gibt nur wenige Telefonanschlüsse im Dorf. Die Kabel müssen als Überlandleitungen von Haus zu Haus verlegt werden. Das ist kostspielig, und nur wenige Bürger können sich diesen Luxus leisten. Für dringende Gespräche, etwa einen Anruf beim Arzt, bieten neben der Poststelle auch der Tischler, der Bäcker oder ein wohlhabender Nachbar ihr Telefon

an. Man hilft sich. Onkel Simon gehört dank seines Amtes zu den Privilegierten im Ort. Er genießt es, dass viele Gespräche *an der Strippe* geführt werden können.
„Wir haben jetzt grünes Licht. Auch mit dem Pastor ist alles klar. Es kann losgehen mit dem Ehrenmal." Onkel Simon sitzt wieder in der Küche, redet, diskutiert, macht Notizen. Leicht hüstelnd zieht er an seiner Zigarre, und dichte Rauchschwaden hängen im Raum.

Tante Fine stört das nicht. Bedächtig hantiert sie hier und da, kocht, spült, räumt auf. Manchmal ertönt eine Türglocke. Dann muss sie die Wohnküche verlassen und in einem kleinen Nebenraum der Wohnung einen Kunden bedienen. Onkel Simons Idee war es, nach der Währungsreform die ehemaligen Stallungen für Schwein und Ziege in einen Lebensmittelladen zu verwandeln. Seitdem verkauft Tante Fine Waren für den täglichen Bedarf. Hin und wieder springt Onkel Simon für sie ein. Dann steht unser Bürgermeister hinter dem Ladentisch. Er macht seine Sache gut. Schließlich ist er gelernter Kaufmann. Die Nachbarschaft ist glücklich über den kurzen Weg zum Einkauf, und Onkel Simon freut sich über den Zusatzverdienst für seine Familie.

Es gibt zwei Straßen, die von der Stadt ins Dorf führen, die *Alte* und die *Neue Straße.* Sie verlaufen parallel das Tal hinauf bis in die Dorfmitte. Die Hauptverkehrsader, die *Neue Straße*, ist gut ausgebaut und mit einer geteerten Straßendecke versehen, für Pferdefuhrwerke, Fahrräder und die wenigen Autos eine wunderbare Sache. Dagegen ist die *Alte Straße* eine wahre Mondlandschaft. Regengüsse, Schnee und Eis zerstören immer wieder die festgewalzte Schotterschicht. Nur mühsam wird sie von Straßenarbeitern instand gehalten. Mit Schiebkarren, Schaufeln, Eimern und

Schotter gehen die *Wegehöpper* die *Alte Straße* entlang und bessern aus, bis das nächste Gewitter neue Löcher ausgewaschen hat.
„Das soll ein Ende haben!", meint unser Bürgermeister und man beschließt im Gemeinderat den Ausbau der *Alten Straße*.
Es ist soweit. LKW bringen Schotter und Splitt, Planierraupen verteilen das Schüttgut und schwere Walzen pressen es zu einer festen Schicht zusammen, bevor ein dampfender Kesselwagen eine schwarze Teerdecke darüber legt. Mit beißendem Gestank quillt die zähe Masse aus dem heißen Ungetüm, um im nächsten Augenblick von einer riesigen Walze zu einer glatten Fahrbahn gepresst zu werden. Bei ohrenbetäubendem Lärm, in Hitze und Gestank bringen die schwitzenden Arbeiter Schotter und Splitt, bedienen die Teermaschine und die Walzen. Stück für Stück wächst der schwarze Belag die *Alte Straße* hinauf, und mit ihm ziehen Kinder und Männer. Begeistert beobachtet eine neugierige Schar das aufregende Geschehen. Die Männer palavern über Maschinen, über Straßenbau, über dies und das. Sie kennen sich aus in Sachen Technik.
Die Frauen bleiben in ihren Wohnungen. Sie warten. Aufgeregt stehen sie hinter den Fenstern, schieben die Gardinen zur Seite und schauen hinaus. Wenn schließlich das Getöse näher kommt, verlassen auch sie ihre Häuser, stehen in kleinen Grüppchen beieinander, schauen, reden und lachen. Das dörfliche Einerlei ist unterbrochen.
„Jetzt müssen wir viel seltener die Fenster putzen. Diese Teerstraßen sind kaum noch staubig. Und einen Kinderwagen schieben, einen Handwagen ziehen, Fahrrad fahren, großartig!" Die Frauen freuen sich über die Neuerung.
Auch unser Bürgermeister ist zur Stelle. Schließlich geht es um die Verschönerung *seines* Dorfes. Er kümmert sich, und

er ist großzügig. „Schmöit da man einfach ’n betken Teer met rin“, ruft er den Arbeitern zu, wenn ein Hauseigentümer ihn vor Ort bittet, die Einfahrt zu seinem Anwesen gleich mitzuteeren. Er genehmigt kurz entschlossen. Was soll man lange fragen!

Im Dorf gibt es viele Schotterstraßen. Sie alle müssten geteert werden. Ihre Anwohner registrieren mit neidvollen Blicken und leisem Murren die neue Straßendecke. Ausgerechnet die *Alte Straße* wird als erste im Ort geteert! Na ja, der Bürgermeister wohnt dort! Ob das mit rechten Dingen zugegangen ist? Mit Augenzwinkern geben die kritischen Beobachter der frisch geteerten Straße einen neuen Namen: *Regierungsstraße.*

Unser Friedhof liegt am Westhang des Schwesternberges. Die Tradition will es, dass die Gräber zum Sonnenaufgang hin angelegt sind, ein Zeichen für die Auferstehung der Toten.

Der Friedhof ist einer der friedlichen Plätze am Ort: keine Rüpeleien, kein Lärm, kein Alkohol. Dieser Ort wird von den trauernden Hinterbliebenen liebevoll und gnadenlos nach ungeschriebenen Gesetzen bewacht. Der Gang zum Friedhof ist eingeplant, gehört zum rituellen Lauf der Woche. Gießen, schneiden, hacken, Unkraut zupfen, Winterschmuck, Frühlings- und Sommerbepflanzung. Mit Sorgfalt und Eifer pflegt man die Gräber, reinigt die Grabsteine und Wege. Kritische Blicke, leise Worte der Anerkennung oder abschätziger Tadel treffen Grab und Angehörige. Die Dorfbewohner nehmen es genau, und die Erwartungen sind hoch.

An einem warmen Frühlingstag 1952 trifft sich die Gemeinde zu einem Höhepunkt im Dorfleben auf dem Friedhof: Einweihung des neuen Ehrenmals für die Toten und Vermissten des Ersten und Zweiten Weltkrieges. Für alle Besucher weithin sichtbar steht das dreiteilige Monument an exponiertem Platz. An der höchsten Stelle des Friedhofs ist das Denkmal gleich einem übergroßen Flügelaltar aus Sandsteintafeln aufgebaut. Der Mittelteil und je zwei Tafeln der Seitenflügel tragen die Namen der Gefallenen und Vermissten der Gemeinde. Es sind einhundertsechsundsiebzig Namen! Ein Relief aus Siegerkranz, Fahne und Stahlhelm krönt das Mahnmal, ein Relikt des alten Denkmals für die Gefallenen des Ersten Weltkrieges. Darunter ein steinernes Band mit der Inschrift: *Ein ehrendes Gedenken – den gefallenen Söhnen der Gemeinde Berlebeck – und den Vermissten.*
Ein breiter Gang führt hinauf zu der Gedächtnisstätte. Rechts und links säumen dreißig Gräber mit Holzkreuzen den Weg. Hier ruhen die Toten, die während der Kriegshandlungen Ostern 1945 im Ort gefallen sind. Namen, Lebensdaten und Heimatort der erschossenen Männer im Alter zwischen 14 und 42 Jahren sind in das Holz geschnitten. *Unbekannt* steht auf sechs der 28 Kreuze.
Eine große Menschenmenge umgibt den Platz des Ehrenmals. Männer, Frauen und Kinder, Witwen und Waisen, Flüchtlinge, Vertriebene und Einheimische stehen eng beisammen. Man drängt sich, sucht einen freien Blick zum Geschehen. Wohl geordnet stehen zwei Chöre rechts und links der großen Ehrentafel. Der Posaunenchor der Kirchengemeinde und der Männergesangverein warten auf ihren Auftritt. Bürgermeister Klöcking schreitet gemessenen Schrittes zum Ehrenmal, gefolgt von Männern in Feuerwehruniform. Sie tragen Kränze aus Tannengrün und roten Nelken. Vor dem Denkmal legen sie die großen Gebinde nieder, entblößen ihre Häupter, falten ihre Hände, verharren

für einen kurzen Moment in andächtigem Schweigen und treten zur Seite.

Jetzt ist die Reihe an Bürgermeister Klöcking. Er beugt sich hinab zu den Ehrenkränzen und berührt die schwarze Trauerschleife mit der Inschrift *Den Gefallenen und Vermissten.* Langsam richtet er sich auf, wendet seinen Blick der Gemeinde zu. Die ernste Feierlichkeit auf seinem Gesicht lässt alles Reden verstummen und alles Lächeln von den Gesichtern der Zuhörer verschwinden. Unbeweglich steht Simon Klöcking da, seine Hände vorm Leib gefaltet, sein Blick in die Ferne gerichtet. Schließlich beginnt er seine Rede mit lauter, sicherer Stimme, hüllt Trauer und Leid in würdevollen Sprechgesang: „*Totensonntag, Totensonntag! Wir gedenken der Toten und Gefallenen...*“

Seine Rede ist kurz. Der Männergesangverein tritt auf. *Frühlingswehen, Auferstehen*, tönt es aus den Kehlen der Sänger. Der Pfarrer hält eine Ansprache, spricht vom Krieg, von Schuld und Versöhnung, vom Tod und von Auferstehung.

Dann geht ein Raunen durch die Menge. Schülerinnen und Schüler schreiten zum Mahnmal, halten Blumen in ihren Händen, verteilen sich vor den Gedenktafeln und den Gräbern der im Dorf Erschossenen. Es sind die Jungen und Mädchen des Ortes, deren Väter gefallen sind oder vermisst werden. Aufgeregt und unsicher stehen sie da in ihren kurzen Hosen, Kniestrümpfen, Sommerkleidern und Röcken. Der ungewohnte Auftritt vor einer großen Menschenmenge und der Ernst der Stunde machen sie befangen und ihre Herzen schwer. Sie sprechen gelernte Verse, lesen die Namen der Kriegsopfer und legen Blumen auf Gräber und vor die Mahntafeln. Der Rektor der Dorfschule hat diesen Teil der Feier geplant.

Ich bin sehr aufgewühlt. Ich kenne die Mädchen und Jungen, die da vorne stehen. Es sind Kinder aus meiner Nachbarschaft, Cousins und ehemalige Klassenkameraden. Mein

Vater lebt, und ihre Väter *sind im Krieg geblieben*. Das Ungeheuerliche der jüngsten Geschichte ist plötzlich greifbar nah.
Der Posaunenchor tritt auf. Männer in schwarzen Mänteln heben ihre chromblitzenden Instrumente zum Mund, warten auf ihren Einsatz, schauen auf den Dirigenten. Dann das Handzeichen und der Klang der Posaunen erschallt. In gedämpften Klängen intonieren die Bläser den bekannten Trauergesang, und die Dorfgemeinde stimmt ein:

Ich hatt einen Kameraden,
Einen bessren findst du nit.
Die Trommel schlug zum Streite,
Er ging an meiner Seite,
Im gleichen Schritt und Tritt.

Eine Kugel kam geflogen,
Gilt's mir oder gilt es dir?
Ihn hat es weggerissen,
Er liegt mir vor den Füßen,
Als wär's ein Stück von mir.

Majestätisch kommt die Melodie daher, umhüllt in schlichten Dreiklangstönen eindrucksvoll den dramatischen Text und rührt die Gemüter der Volksmenge. Die unbeweglichen Mienen der Kleinen und Großen werden weich, die Stimmen brüchig. Tiefe Trauer erfasst die Menschen, und Tränen begleiten den hymnischen Gesang.
Von diesem Tag an findet jedes Jahr eine Feierstunde am *Volkstrauertag* statt. Opa spricht vom *Heldengedenktag*, wenn der Kriegstoten gedacht wird. Der Posaunenchor intoniert *Ich hatt' einen Kameraden…*, jedes Jahr. Das Dorf hält die Erinnerung an den Krieg und seine Schrecknisse als Mahnung für den Frieden wach.

Die Dorfchronik der 50er Jahre verzeichnet eine Reihe wichtiger Ereignisse, bringt doch ein gewisser Wohlstand der Gemeinde Möglichkeiten zu allerlei Baumaßnahmen, Anschaffungen und kulturellen Veranstaltungen. Das Dorf bekommt eine neue Feuerwehr, ein Sportplatz und eine Turnhalle entstehen, eine Kirche wird errichtet. Der Männergesangverein gibt ein Konzert, auf einem Bauernhof wird Erntedank gefeiert, der Turnverein gestaltet ein Fest. Immer ist die Dorfgemeinde zur Stelle. Ihre würdevolle Bedeutung erhalten die großen und kleinen Feste durch Bürgermeister Klöckings Ansprachen. „Liebe Mitbürger, wir haben keinen Schützenverein. Das ist gut. Wir hatten genug Ballerei!“, heißt es in einer der vielen Reden.

Unser Bürgermeister ist ein bescheidener Mann. „Mir ist die Gabe der Rede nicht gegeben“, lässt er in einer Ansprache seine Zuhörer wissen. Doch wenn Moral und Anstand im Dorf zu schwinden drohen, dann kann er nicht schweigen. Er mischt sich ein.
Die Einweihungsfeier der neuen Turnhalle nutzt Bürgermeister Klöcking, um den jungen Leuten ins Gewissen zu reden. Seit einiger Zeit ist ihm das Halbstarkenproblem zu Ohren gekommen. Man liest und hört dies und das. Schlimme Dinge sind geschehen, in Amerika und auch in den großen deutschen Städten. Und nun ist im Dorf hier und da eine von diesen Röhrenhosen, eine *Jeans*, aufgetaucht. Außerdem gibt es im Ort Jungen, die tragen Lederjacken. So fängt es an mit den Halbstarken. Wehret den Anfängen, heißt es im Ort. Simon Klöcking ist beunruhigt. Er erhebt seine Stimme: „Wir haben nichts gegen kleine Scherze und Streiche, aber lasst die Schilder stehen, lasst die Finger von Krawallen und werdet nicht zu Verbrechern!“ Am nächsten Tag titelt die *Freie Presse:* „Berlebeck duldet kein Halbstarken-Problem.“

Aus dem Dorf hinaus geht es abwärts das Tal hinunter in die Stadt. Auf zwei silbern blinkenden Schienensträngen schlängelt sich die grüne Straßenbahn dem Bachlauf folgend, mal an Berghängen entlang, mal durch Wiesen hindurch. Die dörfliche Enge weitet sich zu städtischer Größe, verheißt Aufregendes in Straßen, Häusern und Schaufenstern. Dort pulsiert das andere Leben. Von dort kommt das Neue.
Die Straßenbahn fährt hin und her zwischen Dorf und Stadt. Männer, Frauen und Kinder steigen ein und aus, sind unterwegs, und ich fahre mit. Ich bin Fahrschülerin.

Seit Beginn des Schuljahres 1949 bringt mich die Straßenbahn Nummer 4 zu meiner neuen Schule.

Christa Drave
Klasse Sexta a
Städtische Oberschule für Mädchen

steht in meiner schönsten Schrift auf den neuen Heften und Schulbüchern. Mit großer Sorgfalt und voller freudiger Erwartung haben Vater und ich die festen Einbände mit einem Schutzumschlag aus braunem Packpapier versehen und sie in meinen Schulranzen gesteckt. Eine Ledermappe ersetzt den hölzernen Griffelkasten mit dem Märchen-Abziehbild aus Cellophanpapier. Sie ist gefüllt mit Bleistiften, Buntstiften, Radiergummi und, welch ein Glück, auch mit einem *Pelikan*-Füllfederhalter. Das ist eine großartige Erfindung. Man hält die Feder in ein Tintenfass, dreht am hinteren Ende einen kleinen Kolben heraus und saugt beim Zurückdrehen Tinte ein. Die reicht für viele Tage. So ein neues Gerät musste es sein, zusammen mit dem Lederetui. Griffelkasten geht wirklich nicht mehr. Das Lyzeum ist schließlich etwas Besonderes. Das ist die *Höhere Schule für Mädchen*.

Lyzeum! Was für ein Wort! Wichtig schiebt es sich durch Ohren und Augen in meinen Kopf. Mit seinem Y ist es fremd und bedeutungsschwer. *Lyzeum*! Das heißt aufgepasst! Neues, Schwieriges und sehr Wichtiges geschieht. Hochachtung ist angesagt. Sei still und fall nicht auf!
Wer hat mir das eingeflüstert?
Es gibt viele kluge Wörter in der fremden Schule. Ich komme zunächst in die *Sexta*, nicht ins 5. Schuljahr, wie meine Freundinnen in der Dorfschule, und eine unsichtbare Leiter führt zum *Abitur*. Die Sprossen heißen *Quinta, Quarta, Unter- und Obertertia, Unter und Obersekunda, Unter- und Oberprima*. Jede einzelne Stufe muss man erklimmen. Die Sextaner sind auf der untersten Stufe, die Abiturienten sind ganz oben.
Und das Wort *Abitur*? Geheimnisvolle Andeutungen und beängstigende Mahnungen begleiten es. Doch ich kann getrost das Wagnis *Lyzeum* eingehen. Ich werde, wie viele Schülerinnen, nur bis zur *Mittleren Reife* diese Schule besuchen. So ist es mit meinen Eltern vereinbart.

Die neue Schule in der Stadt! Schon das Gebäude ist etwas anderes als unsere kleine Dorfschule. Wenn ich den Wall unter üppigen Kastanien- und Buchenbäumen entlanggehe, vorüber an schmucken Bürgerhäusern, erreiche ich die Zuckerseite des dreistöckigen Bauwerks. In imponierender Größe liegt es zwischen Wallgraben und Paulinenstraße am Rande der Altstadt. Die Giebel sind spitz oder rund, tragen steinerne Bänder, schmücken sich mit einem Rundfenster oder einem Relief. Hinter den Reihen von schmalen, hohen Fenstern an der Frontseite liegen die Klassenzimmer. Dort wird mein Unterricht stattfinden. Milchglas in den unteren Scheiben verhindert Ein- und Aussicht. Die hölzernen, weiß lackierten Sprossen gliedern die gleichförmigen Fensterreihen in viele Kästchen. Sie verleihen dem Gebäude ein freundliches Gesicht.

Hoch oben auf dem Dach thront ein schlichter, zylinderförmiger Turm. Er dient als Fahnenträger bei besonderen Anlässen.
Der prächtig gestaltete Haupteingang krönt den stattlichen Anblick des Lyzeums. Aus Sandstein gehauene, große Steinquader bilden den Rahmen des Portals. Seine geschwungene Form, einem Bogen ähnlich, trägt das Wappen der Stadt Detmold. Darunter erzählt ein Relief von der Bestimmung des Gebäudes: Eine Frau, lieblich anzusehen, sitzt würdevoll auf einem Schemel und hält ein geöffnetes Buch auf ihrem Schoß. Die Stofffülle ihres weiten Gewandes, nur von einer Schulter gehalten, gleitet in leichten Falten bis zum Boden und lässt die zweite Schulter unbedeckt. Ihre Haare sind mit Lorbeerblättern geschmückt und zu einem lockeren Knoten gebunden. Vor ihr steht eine Schülerin mit langen Zöpfen in einem kurzärmeligen Hängerkleid. Ihr Blick ruht, wie der ihrer Lehrerin, auf dem Buch, und ihre rechte Hand hält einen Siegerkranz aus zarten Blüten. Über allem die Jahreszahl 1911.
Zwei Stufen einer breiten Freitreppe führen zu der mächtigen Kassettentür aus Eichenholz, die in das Portal eingefügt ist. Einer der schweren Flügel steht weit offen, als ich an meinem ersten Schultag das ehrwürdige Gebäude betrete.
Bald erfahre ich, dass der Eingang durch das prächtige Hauptportal vor allem Lehrern, Besuchern und den älteren Schülerinnen vorbehalten ist. Nur am ersten Tag war hier auch für mich geöffnet. Wir Jüngeren müssen das Gebäude durch den hinteren Eingang betreten.
Den erreicht man von der Paulinenstraße aus. Ein eisernes, zweiflügeliges Tor öffnet den großen, von Mauern und Zäunen umgebenen Schulhof. Kastanienbäume und Buschwerk sind sein Schmuck, der Boden ist mit Schotter bedeckt. Zwei kleine Gebäude, ehemalige Wohnhäuser, stehen rechts und links vom Eingangstor, *Pauline* und *Luise* genannt. Sie

bieten zusätzliche Unterrichtsräume. Die langgestreckte Turnhalle inmitten des Schulhofs ist mit der Schmalseite an das Hauptgebäude angebaut. Hier liegt der Nebeneingang, und hier stehen an jedem Schulmorgen die Schülerinnen der Unterstufe in Zweierreihen vor den Stufen einer breiten Treppe. Wir warten auf den schrillen Klingelton, um unter der Aufsicht eines Lehrers das Schulgebäude zu betreten. Gesittet müssen wir sein. Ruhig und zügig sollen wir gehen, in vorgeschriebener Zweierordnung. Doch unsere ungestümen Beine können es nicht, verführen zum Laufen bis ins Treppenhaus.
Dort steht gleich auf dem ersten Treppenabsatz der Direktor, jeden Tag. Unter seinen Blicken wird es still, und unsere Beine gehen im Gleichmarsch an ihm vorüber. Jeden Tag. Niemand wagt es, ein Wort zu reden. Erst wenn wir unsere Klassenräume erreichen, können wir unsere versteinerten Masken beiseite legen und mit unserem Geplauder fortfahren.

Mein erster Schultag im Lyzeum beginnt nach den Osterferien 1949 in der Turnhalle der Schule. In einer aufgeregten Mädchenschar stehe ich mit meiner Freundin aus der Dorfschule ängstlich und ein wenig verloren zwischen den vielen Schülerinnen der städtischen Volksschulen. Sie kennen sich seit langem, rufen und lachen laut und unbekümmert. Und manchmal sind sie sogar ein bisschen frech. Sind sie anders als ich? Wie kess einige Bubiköpfe aussehen, und wie schick die gekauften Kleider sind. Ich trage immer noch Zöpfe, und mein Kleid hat Mutter selbst genäht. Die fremde Umgebung macht mich unsicher. Vorsichtig gehe ich durch die Halle, spreche leise mit meiner Freundin.

Neugierig schaue ich mich um. Ist das wirklich eine Turnhalle? Wie ein festlicher Saal wirkt der hohe Raum mit dem bogenförmigen Deckengewölbe und dem Saum von Holzpaneelen an den Wänden. Helles Licht fällt durch die Fenster in Deckenhöhe. Die milchigen Scheiben, in Blei gefasst, schmücken sich mit gelben und roten Rhomben und Rechtecken. Und dann die Stirnseite der Halle! Hier nimmt ein prächtiges fünfteiliges Fenster in einem Mauerbogen Platz. Wie für einen Thronsaal gestaltet kommt das gläserne Gemälde daher. Erhöht im Mittelteil des Fensters sitzt eine elegante Frau in ein kostbares, grünes Gewand gekleidet und mit Perlenketten geschmückt. Auf ihrem Schoß liegt ein aufgeschlagenes Buch, rechts und links vor ihr stehen zwei Kinder in festlichen Kleidern. Und unter der friedlichen Gruppe sitzt eine hellwache Eule.

Schmuckbänder, Ornamente, strahlendes Licht in bunten Scheiben und eine prachtvolle Szene an der Stirnseite der Turnhalle, wie wunderschön.

Aber die andere Seite! Ich schaue mich um. Die prächtige Halle hat auch eine Rückwand. Von dort droht Unbekanntes. Beängstigend ragen glatt polierte Kletterstangen und steile Leitern empor, hängen starke Seile von der Decke. Im Abseits stehen Turngeräte. Zwei Holzstangen liegen parallel nebeneinander auf einem schweren Eisengestell. Das ist ein Barren. Dann die beiden braunen, prall gefüllten Ledersäcke auf vier schräg gestellten Holzbeinen, die Pferde. In der Dorfschule gab es keine Turnhalle. Einige Geräte kenne ich vom letzten Fest des dörflichen Turnvereins. Männer in weißen, ärmellosen Hemden und weißen, langen Hosen mit Hosenträgern zeigten am Barren und am Hochreck akrobatische Übungen. Was waren das für Leistungen! Nun stehen hier in meiner neuen Schule die gleichen Geräte. Was kommt da auf mich zu? Beklommenheit mischt sich in die Vorfreude auf den Turnunterricht. Niemals werde ich das schaffen, was ich im Dorf gesehen habe.

Die Stimme des Direktors verlangt meine Aufmerksamkeit. Er verliest die Namen der neuen Schülerinnen und teilt sie in vier Klassen auf. Fünfzig Mädchen gehören zur Sexta a, meiner neuen Klasse. Unser Klassenlehrer führt uns in unseren Klassenraum im ersten Stock, ein Schulraum wie viele: die Fensterfront zur Linken, an der Stirnseite das Lehrerpult mit Stuhl auf einem Podest, dahinter eine große Wandtafel und im Blick des Lehrers 25 Zweierbänke mit passenden Holztischen. Es ist sehr eng. Die Wände im Rücken der Bänke und an der Längsseite neben der Eingangstür sind weiß gestrichen und leer.

Freundlich und ein wenig gelangweilt schaut unser Klassenlehrer von seinem erhöhten Sitz auf die neuen 50 Schülerinnen herab.

Er stellt sich vor: Herr Dr. Müller! Er schaut in die Runde. „Wir müssen zunächst die Sitzordnung festlegen. Ich verlese die Namen, alphabetisch, und ihr setzt euch in entsprechender Reihenfolge. Vorn rechts in der ersten Bank beginnen wir mit dem Buchstaben A." In kurzer Zeit sind wir im Klassenraum verteilt. Ich sitze neben einem fremden Mädchen, nicht neben meiner Freundin. Herr Dr. Müller legt die Liste zur Seite. „Und nun die leidigen Formalitäten. Hier ein paar Fragen: Wer von euch ist Fahrschüler? Wer ist katholisch, wer evangelisch? Gibt es da noch andere Weltanschauungen? Was ist euer Vater?"

Dr. Müller zählt die Finger, nimmt die Antworten entgegen, trägt Namen, Zahlen, Konfession und den Beruf des Vaters in das Klassenbuch, das Begleitbuch der Klasse Sexta a. Er übergibt es einer Schülerin und erklärt seine ungeheure Bedeutung. Alle Unterrichtsstunden mit dem Lehrstoff, die Ergebnisse der Klassenarbeiten, jede Unregelmäßigkeit, jede Rüge, jeder Tadel müssen in ihm aufgezeichnet werden.

Der Unterrichtsalltag beginnt. Staunend beobachte ich die *Stadtkinder*. Sie bilden feste Gruppen aus den örtlichen Volksschulen, und ihr Umgang mit den neuen Lehrern erscheint angstfrei und unbekümmert. Wie sie daherreden, lachen und toben! Wortgewandt und selbstsicher sind sie, haben keine Scheu. Ich bin angespannt und vorsichtig. Unsicher und ängstlich stehe ich zwischen diesen fremden Mädchen. Meine ersten Wochen im Lyzeum lebe ich wie auf Zehenspitzen. Was wird von mir erwartet, wie ist der Umgangston, und was ist in dieser Schule wichtig?
Es sind nicht diese klaren Fragen, die ich mir stelle. Meine Gefühle machen mir zu schaffen. Die Atmosphäre der neuen Schule ist fremd, nichts ist vertraut. Nichts erinnert an unsere kleine, überschaubare Dorfschule. Und wie wird es mit den Leistungen sein? Sind die Stadtkinder uns Fahrschülerinnen aus den Dorfschulen überlegen? Die ersten Klassenarbeiten beruhigen mich. Ich kann dem Unterricht folgen, und die Schulaufgaben erledige ich ohne fremde Hilfe. Doch ich habe von so Vielem noch nie gehört. Das Gefühl, etwas aufholen zu müssen, will mich nicht so schnell verlassen.

Unser Stundenplan ist angefüllt mit vielen Fächern. Rechnen heißt Mathematik, Naturkunde Biologie, Heimatkunde heißt Geografie, Aufsätze schreiben und Texte lesen heißt Deutsch. Dazu kommen Geschichte, Sport, Kunst und Handarbeiten. Ganz neu sind die Fächer Englisch und Physik.

„Wir müssen noch einen Klassensprecher und seinen Vertreter wählen“, verkündet Herr Dr. Müller nach zwei Monaten. „Jeder schreibt einen Namen auf einen Zettel.“
Eine Wahl in der Schule! Das kenne ich aus unserem Dorf nicht. Aufregung, Getuschel, Blicke nach rechts und links. Mündliche Vorschläge werden an die Tafel geschrieben. Auch mein Name steht dort. Wer hat mich vorgeschlagen?

Versteckt vor Nachbarblicken liegt hinter der linken Hand der Stimmzettel, ein Stück aus dem *Schmierheft*. Darauf kommt der Name der Auserwählten. Schließlich ist es eine *geheime Wahl.* Eifrig sind wir bei der Sache. Es geht um Demokratie, das hat uns Dr. Müller erklärt. Wer darf die Zettel einsammeln, wer schreibt die Namen an die Wandtafel? Wir warten. Wie viele Striche stehen hinter den Namen? Schließlich das Ergebnis: Mein Name hat die meisten Stimmen bekommen. Ursula hat zwei Stimmen weniger. Es steht weiß auf schwarz an der Tafel.
Herr Dr. Müller schaut auf die Zahlen an der Tafel, schaut mich an, schaut zu Ursula. Er zögert. Dann kommt sein Beschluss: „Du, Ursula, wirst Klassensprecher, und du, Christa, wirst Stellvertreter."
Wir Schülerinnen nehmen die Entscheidung ohne Murren hin. Die erste *demokratische* Wahl im Gymnasium hat Herr Dr. Müller entschieden. Ein Klassensprecher ist gewählt worden. *Klassensprecherin* sagen wir nicht. Während meiner gesamten Schulzeit im Mädchengymnasium wählen wir *Klassensprecher.*

Unsere Lehrerinnen und Lehrer sind Frauen und Männer der Kriegsgeneration. Sie haben Wehrdienst, Arbeitsdienst, Kriegseinsatz, Gefangenschaft, Flucht, Vertreibung erlebt. Jetzt stehen die ehemaligen Soldaten jeden Morgen in tadellosem Anzug mit Weste, weißem Hemd und Krawatte im Klassenzimmer. Abgemagert sind sie, ernst, diszipliniert, korrekt. Sie unterrichten. Niemand erzählt von seinen Kriegserlebnissen. Nur hin und wieder geschieht es, dass Dr. Müller weint. Mitten im Religionsunterricht fließen dem großen Mann Tränen über das Gesicht. Erschreckt halten wir inne, und für einen Moment stockt unser lautes Schülerleben.

Dr. Berger unterrichtet Geschichte. Er erzählt von der Steinzeit und Eisenzeit, nicht vom Krieg. Manchmal erfasst ein kaum merkliches Zittern seinen Körper. Dann kann er nicht schreiben.
Wir wissen nichts vom Kriegseinsatz und von der russischen Gefangenschaft, die Dr. Berger erlebt hat, nichts davon, dass Dr. Müller unter Bombentrümmern verschüttet war. Unsere Lehrerinnen und Lehrer verschweigen die Bombennächte, den Einsatz in den Munitionsfabriken, in Rüstungsbetrieben, in Lazaretten und Krankenhäusern, an der Front. Niemand berichtet von Flucht und Vertreibung, auch keine Schülerin. Und niemand stellt Fragen. Ein Schweigepakt scheint geschlossen zu sein. Normalität ist angesagt. Der Krieg ist vorüber!
Erst viel später höre ich von den zurückliegenden Schrecken und Gräueln der Kriegsjahre.

In unserem Lesebuch für Sexta und Quinta stehen Fabeln, Legenden, Kurzgeschichten, Märchen und Schwänke, Reiseberichte und historische Texte, keine Zeitdokumente. Dazu kommen viele Balladen und Gedichte.
Meine besondere Vorliebe gilt den Balladen. Jutta, meiner Mitschülerin, habe ich das zu verdanken, denn sie trägt die aufregenden Texte vor wie keine andere. Erhöht, vorn auf dem Lehrerpodest, steht sie vor der Klasse. Schlank, groß, in einem gemusterten Baumwollkleid, hohe Schnürschuhe und farbige Kniestrümpfe. Ihr dunkler Bubikopf, seitlich gescheitelt und von einer Metallklemme gehalten, umrahmt das schmale, zart geschnittene Gesicht. Jutta schaut uns nicht an, sie schaut in die Ferne. Kerzengerade steht sie da, konzentriert, angespannt, so wie es die Ballade verlangt. „John Maynard“ von Theodor Fontane. Sie rezitiert mit dunkler, ein wenig heiserer Stimme die tragische Geschichte eines tapferen Kapitäns. Alle Augen sind auf Jutta gerichtet. Eine angespannte Stille verbreitet sich

im Raum. Wir erleben den Kampf gegen Feuer und Sturm, wir hören vom Sieg und vom Opfer. „Er starb für uns, unsre Liebe sein Lohn. John Maynard."
Ich bewundere Jutta, heimlich! Sie ist eine richtige Schauspielerin! Das zeigt sie im Singspiel *Wir bauen eine neue Stadt* von Paul Hindemith. Im Musikunterricht üben wir im Chor und mit Orffschen Instrumenten für den großen Auftritt in der Turnhalle. Ich singe im Chor neben der Bühne. Jutta aber steht oben auf der Bühne. Sie spielt eine wichtige Rolle, ist der Bürgermeister. Sie spricht und singt ganz ohne Scheu. Wie sie das macht! Großartig!

In der Quinta erscheint ein junger Mann in unserer Klasse. Er übernimmt den Deutschunterricht. Wenn er am Morgen im Raum erscheint, tritt er auf und verzaubert uns Mädchen. Diese schöne Gestalt, dazu die strahlend blauen Augen und die hellen Locken, der warme Klang seiner Stimme, seine Gesten voller feurigem Temperament, sein dramatisches Erzählen und Spielen zu Gedichten und Prosa! Fremde und aufregende Luft trägt der Unbekannte in unser Klassenzimmer. Kommt er aus einer glücklichen Welt, in der man keinen Krieg kennt? Wir schwärmen und hängen gebannt an den Lippen des Neuen, der uns in jeder Deutschstunde ein kleines Theaterstück bietet.
Doch schon nach einem Jahr verlässt uns der viel geliebte Lehrer. Er ist Schauspieler, war eine *Aushilfskraft*. Jetzt will er wieder seinem Beruf nachgehen und seine Schauspielkunst auf einer Theaterbühne zeigen.

Unsere Mathematiklehrerin kennt ihr Lehrbuch genau. Kapitel für Kapitel schreitet sie voran, wir schreiten mit. Nach jedem neuen Lernschritt folgt die vorgesehene Mathematikarbeit. 1 plus 1 ist 2. Da gibt es kein Pardon. Wie könnte da irgendetwas falsch an diesem Unterricht sein?

Fräulein Gerlach hält *Belohnungen* bereit. Die beste Arbeit wird mit einem Elefanten prämiert. Das ist ein etwa drei Zentimeter großes Tier aus Wachstuch, grau mit rotem Knopflochstich umrandet, abwaschbar. Die Glückliche mit der besten Arbeit nimmt stolz die Trophäe entgegen und darf sie bis zur nächsten Arbeit bei sich tragen. Dann wandert das Tier mit dem großen Gehirn zur nächsten Einser-Schülerin weiter. Auch für die schlechteste Arbeit hat Fräulein Gerlach eine *Belohnung*. Ein kleiner Esel aus Holz! Wir schauen nicht genau hin, wenn das Tier der Schande vergeben wird, trifft es doch oft dieselben Mädchen.
Und weil alles seine Ordnung haben muss, werden die Trophäen auch verteilt, wenn die *ausgezeichnete* Schülerin am Rückgabetag der Klassenarbeit krank ist. Eine Mitschülerin bringt im Auftrag von Fräulein Gerlach Esel oder Elefant an das Krankenbett.
Spürt unsere Lehrerin den Schmerz der Betroffenen nicht? Stumm oder mit Hohngelächter nimmt man den Esel entgegen. Gehört man zu den Pfadfindern oder zum Indianerclub, ist man besonders stark und zeigt nicht die geringste Gefühlsregung.

Spaß bringt der Sportunterricht, wenn man mithalten kann. Unsportlich sein ist ein Makel, der nicht zu verzeihen ist. Wehe der Schülerin, die das Klettergerüst oder den Stufenbarren ängstlich meidet oder nur mühsam erklimmt. Verstecktes oder offenes Gelächter erntet sie. Auch die ältere Sportlehrerin zeigt Häme. Drill und Beschimpfungen muss die Versagerin hinnehmen. Sportlich sein gehört zu einem guten Charakter, das musste die ehemalige BDM-Führerin vertreten, und davon ist sie immer noch überzeugt.
Lore, eine sehr gute Schülerin, verlässt nach drei Jahren das Gymnasium. Sie hält den Druck und die beleidigenden Äußerungen im Sportunterricht nicht länger aus. Finan-

zielle Sorgen nach dem Tod des Vaters werden genannt. Den wahren Grund wird die Schulleitung nie erfahren.

Eine junge Witwe erteilt den Englischunterricht. Ihr Mann ist im Krieg gefallen. Zu Beginn jeder Stunde erzählt sie den Sextanerinnen von ihrem großen Verlust. Tief berührt von dem tragischen Schicksal und der tiefen Trauer sitzen wir still in den Bänken. Die Englischlehrerin schaut uns an und bittet darum, wie jeden Morgen, noch einmal das Lied zu singen, das sie uns gelehrt hat:

Wenn ich ein Vöglein wär,
und auch zwei Flügel hätt,
flög ich zu dir,
weil's aber nicht kann sein,
bleib ich all hier.

Es vergeht kein Stund in der Nacht,
da nicht mein Herz erwacht
und an dich gedenkt.
Dass du mir viel tausend mal
Dein Herz geschenkt.

Wir Mädchen singen, betroffen und traurig. Doch die Stimmung in der Klasse verändert sich mit jedem Tag. Wir fühlen uns unwohl. Ist es peinlich oder unsere Pflicht, mitfühlend immer wieder das traurige Lied zu singen? Der Kloß im Hals, der zunächst so sehr beim Singen störte, verschwindet allmählich, so wie die Bereitschaft, immer wieder mit der Lehrerin zu trauern.
Doch das Lied, das ist wunderschön. Es singt von Liebe, von einer großen Liebe. Die wünsch ich mir. Ganz im Geheimen. Mit niemandem spreche ich darüber.

Auch mit meiner Freundin nicht. Sie heißt Agnes und kennt viele neue Dinge. Wenn ich Agnes besuche, blättern wir gern und oft in Illustrierten. Agnes' Eltern gehören zum *Lesezirkel.* Für einen geringen Preis wird ihnen wöchentlich ein Bündel alter Illustrierte zugestellt und das Bündel der letzten Woche für andere Mitglieder abgeholt. Ein Zirkel eben.

Agnes schwärmt seit einiger Zeit für **Frauenhosen**. In keiner Modezeitschrift fehlt dieser neue Trend. Mit leuchtenden Augen schauen wir auf das *männliche* Kleidungsstück, das sich seit kurzem dem Kleid und dem Rock hinzugesellt hat. Es ist einfach ungeheuerlich, eine Hose für eine Frau! Aber so etwas zu haben, das wäre modern.

An einem Schulmorgen betritt Agnes den Klassenraum in einer dunkelblauen Hose. Sie ist weit geschnitten. Ein Bündchen mit einer kleinen Metallschnalle in der Taille und eines an den Hosenbeinen kräuselt die Weite zu passender Größe. Wie schick Agnes darin aussieht, und so modern. „Das war eine alte Uniformhose meines Vaters", berichtet sie stolz. Ein Schneider aus Detmold, er ist zuständig für Änderungen der Polizeiuniformen, hat aus einer alten Uniformhose ihres Vaters die Frauenhose geschneidert. „Die alte hat er aufgetrennt und den Stoff gewendet", erzählt Agnes, „und demnächst will er mir auch noch einen schicken Mantel aus Uniformstoff nähen." Agnes ist glücklich. Allerdings gefällt ihr der Pullover nicht, den sie zu ihrer Hose trägt. Aus Naturschafwolle, beige mit roten Herzen, ist er gestrickt. Die Wolle ist vom eigenen Schaf. Sie kratzt.

Agnes wohnt im *Tiergarten*, so nennt man das Gelände oberhalb des *Krummen Hauses* im *Büchenberg*. Die stadteigenen Gebäude des Tiergartens bieten Wohnraum für Angehörige der Polizei, für Studenten und Professoren der neu gegründeten Musikakademie. Auch die Mensa ist hier untergebracht. Agnes' Vater, ein junger Polizeikommissar, bewohnt mit seiner Familie eine der Dienstwohnungen. Um das geringe Gehalt aufzubessern, hält die Familie in einem kleinen Holzstall hinter dem Haus bis zum Jahr 1953 ein Schaf, eine Ziege und Hühner.

Es gibt Schultage im Jahr, da muss Agnes die neue Hose im Schrank lassen. Sie hat, wie alle anderen Mädchen, in einem Rock oder einem Kleid zu erscheinen. An besonderen Festtagen ist das so. Unsere Direktorin mag Frauenhosen nicht. Frau Dr. Süßwein heißt die neue Direktorin. Dank ihrer Stellung wird sie mit Frau, nicht, wie für Unverheiratete üblich, mit Fräulein angeredet. Seit ihrer Amtszeit beginnt jede Schulwoche mit einer Morgenandacht. Das ist Pflicht! Die Schülerinnen der Unterstufe versammeln sich in der Turnhalle. Mit Blick auf ein kleines tragbares Pult stehen wir dicht beieinander und lauschen einem Religionslehrer oder einer -lehrerin. Sie sprechen einen Bibelvers mit einer kurzen Auslegung. Choräle in Begleitung eines Harmoniums zu Beginn und am Schluss der Andacht umrahmen das Geschehen.
Oft ergreift am Ende der Andacht Frau Dr. Süßwein das Wort, erinnert, ermahnt, schimpft. „Ein Mädchen ist ordentlich, zuverlässig und hält durch!" Marlies ist während einer Andacht ohnmächtig geworden und auf den Boden gefallen. Frau Dr. Süßwein fühlt sich durch diesen Vorfall gestört. „Man reißt sich zusammen, so ein bisschen Stehen hält ein Mädchen aus!" Frau Direktorin ist eine strenge Frau. Sie weiß, wie ihre Schülerinnen sich zu verhalten haben.
Aber auch die äußere Erscheinung ihrer Zöglinge hat Frau Direktorin im Blick.
Bea trägt eine Kurzhaarfrisur. Zu kurz, das schickt sich nicht für ein Mädchen, meint Frau Direktorin. Der Vater wird zu einem Gespräch gebeten.

Meine Schwester hat sich eine lange ersehnte Hose erbettelt. Die trägt sie auf dem Schulweg, darüber einen Rock oder ein Kleid. Sie kennt die ungeschriebene Schulregel. Im Klassenraum streift sie die geliebte Hose ab, um in angemessener Mädchenkleidung dem Unterricht zu folgen. „So ist es anständig", meint Frau Dr. Süßwein.

Und Lore? Wie hat sie es nur geschafft, dass sie die Hose jeden Tag auch in der Schule tragen darf? Neugierig fragen wir nach. „Meine Mutter ist bei der Direx gewesen und hat ihr erklärt, wie lange ich morgens durch die Kälte zu Fuß zur Straßenbahn laufen muss! Da war sie still!" Lore wohnt mit Eltern und zwei Brüdern *Im Fleck*, einer Straßensiedlung außerhalb unseres Dorfes, eingebettet in die großen Ländereien der umliegenden Bauernhöfe.
An einem Samstag im Februar, in der Schulaula soll ein Festakt begangen werden, erscheint Lore, wie immer, in langer Hose. Die Schulsekretärin, Fräulein Leppel, sieht Lore und bittet sie zu sich. Sie will ihr Scherereien mit Frau Direktorin ersparen. Deshalb macht sie ihr klar, dass heute auf keinen Fall eine Hose möglich sei. Schließlich handelt es sich um einen Festakt, an dem auch Damen und Herren der Stadtverwaltung anwesend sein werden. Sie macht einen Vorschlag: „Frag eine Freundin, die in der Nähe der Schule wohnt. Sie wird dir sicherlich einen Rock für das Fest leihen." Lore fragt Gerda. Sie wohnt in der nahe gelegenen Bruchstraße. In aller Eile suchen sie aus Gerdas Kleiderschrank einen passenden Rock für Lore. Pünktlich zu Beginn der Feierlichkeiten sind sie wieder zur Stelle. Zwischen den anständig gekleideten Mädchen sitzt Lore, jetzt ebenfalls anständig gekleidet. Das geliehene Kleidungsstück ist ein festlicher, schwarzer Taftrock. Dreistufig! Dazu trägt Lore ihren geringelten Strickpullover und Winterstiefel. Sie fühlt sich schlecht. Sie hat Geschmack und weiß, was für einen Anblick sie bietet.

In der Stadt wird die neue Schulleitung sehr geschätzt. Man hat erfahren, dass Frau Dr. Süßwein zusammen mit mehreren Kolleginnen im Frühjahr 1945 unter schwierigen Umständen Mädchen der evakuierten Uhlandschule Berlin beim Rücktransport bis in eine lippische Kleinstadt begleitet hat. In dem Chaos der Nachkriegszeit organisierte sie die notwendigen Hilfen und traf wichtige Entscheidungen für viele Kinder. Fünf Jahre später übernimmt sie die Leitung des Mädchengymnasiums.
Erst nach Jahrzehnten erfahre ich davon.

Der Winter 1950 ist ein Einschnitt in unserem Familienleben. Ein Weihnachtsgeschenk, von Vater geheimnisvoll als *lebendig und doch tot* angekündigt, verändert Schritt für Schritt die gemeinsamen Abende, die Sonntage und langsam auch unser Denken und Handeln.
Am Heiligen Abend enthüllen Vater und Mutter einen großen Pappkarton. „Das ist ein Geschenk für uns alle!" Vater strahlt, als er ein neues Radio auf den Tisch stellt. Ein echtes Möbelstück. Das dunkle Gehäuse, Holzfurnier, hochglanzlackiert, ist ein großer, länglicher Kasten. Durch die leichte Verjüngung der Seitenteile zu den vier kleinen Holzfüßchen hin wirkt er zierlich und modern. *Blaupunkt* steht in goldfarbenen Metallbuchstaben auf der unteren Holzleiste. „Und das hier macht das Radio lebendig." Vater zeigt auf die Frontseite des Gerätes. Hinter einem hellen Stoff versteckt liegt der große Lautsprecher. Er nimmt den gesamten oberen Teil der Frontseite ein. Darunter ist eine dunkle Glasskala mit den Namen von Sendestationen angebracht. Viele bekannte und unbekannte Städtenamen stehen in schrägen Kolonnen geschrieben. Vater dreht an einem Knopf. Ein weißer Stab wandert unter dem dunklen Glas über die Skala, kaum

sichtbar. Erreicht er den Namen eines Senders, erstrahlt er in hellem Licht, und unsere Ohren hören Stimmen, Klänge, Geräusche und Lärm. London – Rom – Paris – Luxemburg – Rias Berlin steht in grünen Buchstaben auf dem Glas. Das sind die Namen der großen, weiten Welt in unserer Wohnküche.

Mein Bruder hat eine Reihe weißer Tasten unterhalb der Skala entdeckt. Damit kann man das Radio ein- und ausschalten und die verschiedenen Wellen einstellen. Es gibt die Lange Welle, die Mittelwelle und die Ultrakurzwelle. „Wir nehmen UKW, da ist der beste Empfang", sagt Vater. Er stellt einen Sender ein. Musik ertönt, Operettenmelodien. Vater zeigt auf ein kleines Rund links auf der Glasskala. Es erstrahlt in blaugrünem Licht, und die Lautstärke der Klänge verändert in rhythmischen Zuckungen seine Farbe und Form wie in einem Kaleidoskop, geheimnisvoll und wunderschön anzusehen. „Das ist das *Magische Auge*", sagt Vater.

Von nun an nimmt das Radio einen zentralen Platz ein. In der Wohnküche müssen die Blumen samt Blumenhocker weichen. Ein Eckschrank, vom Tischler nach eigenen Angaben hergestellt, wird zwischen die zwei Fenster gestellt. Darauf thront in Höhe der Fensterbänke der neue Apparat. Mutter stellt rechts und links davon zwei Küchenstühle auf. Jetzt ist die *Radioecke* perfekt eingerichtet.

Als *tot und doch lebendig* hatte Vater die Anschaffung geheimnisvoll angekündigt. Nun steht das Gerät da und spricht und singt und lacht und schimpft, macht Angst, bringt Spaß, führt in fremde Städte und Länder, öffnet uns große und kleine Fenster in die unbekannte Welt.

Es ist Sonntagmittag. Nach der gemeinsamen Mahlzeit, es gibt wie eh und je Braten, Kartoffeln, Soße und Gemüse aus eigenem Garten, wird das Radio eingeschaltet. Mutter beginnt mit dem Abwasch. Vater trocknet das Geschirr ab, wir Geschwister fegen und bohnern den Linoleumboden. Die lästige Küchenarbeit ist erledigt. Und jetzt, jetzt bald übernimmt das Radio das Zepter. „Nicht diese Hottentottenmusik“, ruft Mutter, als Jazzmusik einer Big Band ertönt. Tanzmusik muss es sein, und Tanzmusik ist Wiener Walzer! Das ist unsere Sendung zum Sonntagmittag. Wir stellen die Küchenstühle an die Wand, machen Platz. Unsere Füße werden lebendig, beginnen im Rhythmus ihren Tanz. Sind wir im Takt? Ist es so richtig? Mutter traut sich nicht. „Ich kann nicht tanzen.“ Vater macht mit, auch wenn er ungeübt ist. Übermütig dreht er sich mit seinen Töchtern im Kreis, und seine Freude ist ansteckend. Die Tanzstunde dauert nur eine kurze Weile. Danach ist Mittagsruhe, da muss das Radio schweigen.

Krimi am Samstag! Neugierig und angespannt sitzen wir auf unseren Stühlen in der Wohnküche. Die schräge Erkennungsmusik einer Big Band erklingt, und eine dunkle Männerstimme verkündet: *Paul Temple!* Zu geheimnisvollem Klang zieht der Sprecher den Namen *POOOOOL*, dunkel und bedeutungsvoll erklingt das O in seiner Überlänge. Wir lauschen dem neuen Kriminalfall des Kommissars, schweigen, staunen, lassen uns gefangen nehmen. Nur langsam tauchen wir nach Sendeschluss aus der fremden Atmosphäre auf. Hörspiele sind immer noch seltene Erlebnisse, und *Krimis* kannten wir bisher nicht.

Es gibt eine Radiosendung, die *muss* man hören. *Rias Berlin* überträgt sie aus der zweigeteilten Stadt.

Im Sofa und auf den Stühlen verteilt, erwartet die Familie das Erkennungslied. Eine dunkle Frauenstimme mit Klavierbegleitung ertönt. „*Der Insulaner verliert die Ruhe nicht!*“ Mutig und ein wenig frech kommt die Sendung mit dem Lied daher. Wir müssen genau hinhören, dürfen kein Wort verpassen, sonst ist der Witz dahin. *Ironie* nennt Vater die

Witze. In meinem Kopf gerät einiges in Bewegung. Sind es Späße, ist es Ernst, was stimmt, was macht Angst oder Mut, und wie soll ich mit all dem Gehörten umgehen? Politische Fragen tauchen auf. Vater erzählt von der Berliner Blockade, vom Kalten Krieg, vom Kommunismus, dem Schreckgespenst. Da tut es gut, Scherz, Satire und Ironie der *Insulaner* zu hören.

Hier ist der Suchdienst, hier ist der Suchdienst...
Mit diesem Satz beginnt eine tägliche Radiosendung am späten Nachmittag. Ein Sprecher liest die Namen von Vermissten, die in den Wirren des Krieges und der Vertreibung ihre Angehörigen verloren haben. Mütter und Väter suchen ihre Kinder, Großeltern ihre Enkel, Kinder ihre Eltern und Geschwister. Immer noch sind viele Familien auseinander gerissen, wissen nicht um das Schicksal der Verwandten.
Ich sitze am Radio. Oft. Die Meldungen, die ich höre, sind nüchtern. *Maria, wahrscheinlich 6 Jahre alt, sucht ihre Eltern. Sie ist 1,20 m groß, hat blaue Augen und dunkles Haar. Maria wurde in B. auf dem Bahnhof am 10. 1. 1945 aufgefunden. Sie trug einen braunen Mantel und eine blauweiße Strickmütze.*
Fremde Namen, fremde Schicksale. In unendlich langen Reihen marschieren sie an meinen Ohren vorüber. Ich kann mich nicht lösen von diesen Sendungen. Ganz nahe sitze ich vorm Lautsprecher. Erzählte Bilderfetzen von Bahnhöfen, Bombennächten, von flüchtenden Trecks, Sterbenden und Kranken füge ich den unendlich vielen Namen der Suchmeldungen hinzu.
In der Schule sprechen wir wenig über den Krieg. Auf den Straßen aber sehen wir die Kriegsversehrten: Männer mit Schussverletzungen im Gesicht, Arm- und Beinamputierte, Menschen mit Krücken, in Rollstühlen. Mein Mitgefühl gilt vor allem den Blinden. An einer gelben Armbinde mit drei schwarzen Punkten sind sie schon von Weitem zu erkennen.

Sie benutzen einen Blindenstock oder werden von einem Blindenhund geführt.
In vielen Häusern fehlen die Väter. *Er ist im Krieg geblieben* oder *er ist gefallen*. In harmlosen Worten spricht man vom grausamen Kriegstod. Spätheimkehrer kommen zurück ins Dorf. Vorsichtig, wenig, in kleinen Schritten berichten Zeitungen und Radio von den Schrecken des Krieges. Ganz langsam beginnt die Mauer aus Schweigen zu bröckeln, und eine Flut von grauenvollen Bildern entsteht nach und nach in meinem Kopf.
Voller Schrecken höre ich Onkel Karl, wenn er seine erlittenen Kopfverletzungen in einem Anfall von Kriegsangst und Wahnsinn herausschreit. Ein nie gekanntes Entsetzen packt mich, als ich ein Jugendbuch kennen lerne, in dem die Geschichte der *Weißen Rose* in Romanform erzählt wird. Und dann höre ich von dem *Tagebuch der Anne Frank*, von der Ermordung der Juden, von unsagbaren Gräueltaten.
Wie soll ich mit all diesen Erlebnissen und dem neuen Wissen umgehen? Spärlich sind die Gespräche mit Freundinnen und Erwachsenen. Grauen und Ängste sind in mich hineingesickert. Mühsam muss ich sie zügeln und verstauen.

Da kommen die Schlagersendungen im Radio gerade recht.
O mein Papa war eine wunderbare Clown ertönt die warme Stimme von Caterina Valente.
Für wen, Señorita, für wen? Für wen machst du heute dich schön?, fragt Gerhard Wendland mit verlockender Stimme.
Und Conny Froboess singt: *Pack die Badehose ein, nimm dein kleines Schwesterlein, und dann nüsch wie raus nach Wannsee...* Das singt sie für mich ganz persönlich. Wie gerne vergesse ich alles Bedrückende, lasse mich gefangen nehmen von den verheißungsvollen Texten, die ein unbekümmertes Leben verkünden.

„Weißt du, dass Conny Froboess noch nicht einmal so alt ist wie wir? Und kann so gut singen!“ Meine Freundin hat in einer Illustrierten Fotos von dem Kinderstar entdeckt. Conny sieht so dufte aus und ist so keck. Die traut sich bestimmt ganz viel. Und mit ihrem Badehosenlied fordert sie uns geradezu auf, auch so ein lustiges Leben zu führen. Dazu benötigt man natürlich einen neuen Badeanzug.
„Es gibt Anzüge, die haben ein Vorderteil mit Smokarbeit, das sitzt besonders gut.“ Meine Freundin hat mehrere Modelle in einem Textilladen in Detmold entdeckt. Es sind Einteiler, versteht sich. Eingenähtes Gummigarn macht die baumwollenen Modelle dehnbar und schmiegt sich hauteng an die Trägerin. Perfekter Sitz und eine tadellose Figur, das verspricht solch ein Badeanzug. Noch eleganter sind natürlich die Einteiler aus Lycra, eine edle und kostspielige Kunstfaser. Aber das können sich nur wenige leisten.
Mutter genehmigt den Kauf neuer Badekleidung. Baumwollstoff mit Smok aus Gummi im Vorderteil. Das tut der Figur gut und täuscht über meine zu kleinen Brüste hinweg. Appetitlich rote Erdbeeren auf dunklem Grund zieren mein neues Kleidungsstück. Zur Badeausstattung benötige ich auch eine Bademütze. Die neue Drogerie im Ort bietet schlichte Gummikappen in verschiedenen Farben an. Sie sind mit einem Gummiriegel und zwei Druckknöpfen versehen, um sie unterm Kinn zu befestigen. „Du musst solch eine Kappe tragen“, sagt Mutter, „du erkältest dich, wenn deine langen Haare nass werden.“
In der Badeanstalt unterhalb meines Elternhauses kann ich schließlich meine neue Badekleidung in der Öffentlichkeit zeigen. Unsicher bin ich. Ist so ein Auftritt schicklich? Halbnackt bin ich, und bestimmt nicht so schön anzusehen wie Conny in der Illustrierten! Zusammen mit meiner Schwester gehe ich schnell durch die vielen Reihen der sonnenhungrigen Badegäste. Wir suchen ein Plätzchen am Rande

des Geschehens, legen uns auf unsere Baumwolldecke und schauen dem bunten Treiben zu. Das ist so viel interessanter als das Schwimmen. Schließlich gibt es viel zu sehen.
Da sind Männer und Frauen mit Sonnenbrillen, welch ein Luxus! Im Schlenderschritt überqueren junge Herren die Liegewiese. Einer trägt doch wahrhaftig ein Kofferradio unterm Arm, aus dessen Lautsprecher die neuesten Schlager erschallen. Fremde Damen, sicherlich sind es Sommergäste, hantieren mit hübschen Reise-Necessaires. *Nivea* leuchtet in Weiß auf blauem Grund von Döschen und Wasserbällen. Zartfarbige Kulturtaschen aus weichem Kunststoff, liebevoll dekoriert mit Perlonspitzen und Rüschen, bergen Lippenstifte und Puderdöschen. Wie behutsam die Schönen ihre Arme und Beine mit Sonnenöl einmassieren! Sie verwöhnen sich selbst und genießen ihre Körper, das sieht man genau. Wie für ein Schaufenster legen sie sich auf ihre Badetücher mit dem bunten Dschungelmuster.
Und dann gibt es doch wahrhaftig einige Damen, die tragen einen Zweiteiler. Man sieht den Bauch, manchmal sind die Hosen so eng und kurz geschnitten dass die gesamte Beinlänge zu sehen ist. Ungeheuerlich! *Bikini* nennt man diese unanständige Modeerscheinung. Niemals werden wir Mädchen aus dem Dorf so etwas tragen. Schließlich soll der Bikini die Männer sehr reizen, so sagt man, und das ist schlimm.

„**Die Schulspeisung** ist ein Geschenk der Siegermächte, dafür müsst ihr dankbar sein", sagen unsere Lehrer.
In der großen Pause stehen wir Mädchen in einer Warteschlange im spärlich beleuchteten Kellergeschoss des Schulgebäudes. Unter Heizungsrohren im niedrigen Gang wärmen der Hausmeister und seine Frau die Schulspeisen auf und teilen sie aus. Ein Gemüseeintopf, eine Fleischbrühe oder eine Milchspeise dampfen im übergroßen Topf auf

einem alten Elektroherd. „Was gibt es heute?“ Der Topfinhalt verbreitet seine Gerüche im Kellergang und macht fröhlich lachende oder enttäuschte Mienen. Wir halten unsere emaillierten oder blechernen Essgeschirre, die kleinen Töpfe oder einfachen Blechdosen in unseren Händen. Langsam schiebt sich die Schlange vorwärts. Frau Becker führt eine große Schöpfkelle, taucht sie in die warme Speise und füllt ein Gefäß nach dem anderen mit einem Schlag Suppe aus Erbswurst, einer Brühe oder einer Milchsuppe mit Rosinen. Die Samstage sind der Höhepunkt der Schulspeisung: Ein *Carepaket* gefüllt mit Kaugummi, Datteln, Brausepulver und einer Tafel *ESZET-Schokolade*! Was sind das für Herrlichkeiten! Und alles schicken uns die Amerikaner. Ein großartiges Volk!

Nicht jeden Tag leere ich mein Essgeschirr. Vielleicht ist mein Geschmack nicht getroffen, oder es ist einfach zu viel. Dann nehme ich den Rest mit nach Hause.

An einem Sommertag muss es gewesen sein. Ich fahre mit der Straßenbahn von der Schule zurück nach Berlebeck. Meinen Tornister auf dem Rücken, mein Essgeschirr, noch halb gefüllt mit einer Haferschleimsuppe, fest in meiner Hand. Viele berufstätige Frauen und Männer, viele Schülerinnen und Schüler füllen die Straßenbahn. Eng ist es, man drängt sich. Die Lederschlaufen, die in einigem Abstand von der Decke hängen, geben den Großen Halt. Ich bin zu klein dazu. Zwischen Bäuche und Hinterteile eingeklemmt halte ich meine *Düppe*. Mein Tornister stört. Die Luft ist unerträglich. Ich suche verzweifelt nach einer Lücke im Gewühl.

Da geschieht es: Die Haltespange auf dem Essgeschirr löst sich, der Deckel fällt zu Boden, und die Milchsuppe fließt in zähem Rinnsal über den dunkelblauen Kostümrock einer Frau. Mein Herz stockt, ich halte den Atem an.

Augenblicklich machen die bedrängenden Fahrgäste Platz. Ich stehe in einer Lache von Milchsuppe, allein, eingekreist und angestarrt von bösen Blicken. Direkt vor mir sitzt eine junge Dame und schaut entsetzt auf ihren suppengetränkten Rock. Die wütenden Zuschauer beginnen zu schimpfen, laut reden sie auf mich ein. Ich bin wie gelähmt. Dann beginne ich kopflos aus meinen Schulheften Seite um Seite heraus zu reißen und versuche, die klebrigen Schleimspuren der Suppe damit zu entfernen. Es gelingt nicht. Ich bin in größter Panik, und niemand hilft mir. Da steht die junge Dame von ihrem Sitz auf, streichelt meinen verwirrten Kopf und bittet den Straßenbahnfahrer anzuhalten. Mir gibt sie ein tröstendes Wort, steigt zum nahe gelegenen Bach hinunter und entfernt den dicken Haferschleim von ihrem Kostümrock. Stumm und mit gesenktem Kopf stehe ich zwischen den erbosten Fahrgästen. Ihre feindlichen Blicke und Beschimpfungen wollen kein Ende nehmen. Ich warte auf die Rückkehr der Dame und auf die Weiterfahrt der Straßenbahn. Ich will endlich heraus aus dieser jämmerlichen Lage. Eine Flut von Tränen begleitet mich, als ich die Straßenbahn endlich verlassen kann.
Das Opfer meiner Ungeschicklichkeit sehe ich fast täglich. Wenn ich in die Straßenbahn einsteige, geht mein erster Blick in die Runde. Wo steigt *die Dame* ein? Wo sitzt sie? Ihre unmittelbare Nähe werde ich sieben Jahre lang meiden, so lange muss ich noch zur Schule fahren.

In der Dorfmitte, zwischen Frisiersalon und Textilwarenladen steht seit Kurzem eine kleine Bude. *Kiosk* nennen einige Dorfbewohner die Neuheit im Ort. Zeitungen, Zeitschriften aller Art, Tabak- und Süßwaren kann man hier kaufen. Von Weitem sind die bunten Seiten der Illustrierten zu sehen und machen die Dorfbewohner neugierig. Was gibt es für Fotos zu sehen, und was zu lesen? Der Kioskverkäufer schiebt eine Scheibe des kleinen Fensters zur Seite und reicht die bunten Bilderwelten in unser Dorf. Darin erscheinen festlich gekleidete Schauspieler und Reiche aus aller Herren Länder, glänzen die neuesten Automobile vor prächtigen Gebäuden, genießen wohl geformte Damen in ihren Bikinis den Palmenstrand an fremden Gestaden. Was für eine Welt! Von *Teufelszeug* sprechen einige Dorfbewohner, andere sind begeistert und kaufen wöchentlich die bunten Blätter voll von Klatsch, Film und Reklame. Das ist etwas anderes als die schwarz-weiße *Freie Presse* und die *Lippische Landeszeitung*, die täglich ins Haus kommen. Verlockend sind die Angebote der Werbung: elegante Kleidung und Schuhe, eine neue Wohnungseinrichtung, Elektrogeräte aller Art, Fahrräder mit Hilfsmotor, Motorroller, Motorräder, Autos! Was sind das für Aussichten für die moderne Frau und den weltoffenen Mann! Langsam erreicht die Reklame die Herzen der Dorfbewohner. Sehnsüchte und Bedürfnisse werden geweckt, der Konsum erobert das Land und auch unser kleines Dorf.

Jetzt kommt das Wirtschaftswunder...

Mutter kauft keine Illustrierten. Trotzdem kennt sie die neuen Verlockungen. Reklame an den Litfasssäulen, im Radio, in den Zeitschriften der dörflichen Arztpraxen und des Frisiersalons reichen aus, um auch in ihr viele Wünsche zu wecken. Die neue Garderobe will Mutter selbst nähen. Dazu kauft sie *BURDA-Hefte* mit Schnittmusterbögen für ein modisches Kleid oder ein elegantes Kostüm. Ist das ausgesuchte Modell kompliziert oder aufwendig zu nähen, kommt eine Hausschneiderin und hilft.
Schon bald verändern sich die Kleiderwünsche und Ansprüche. Selbst genäht ist nicht länger elegant genug, hat keinen

Pfiff. Junge und alte Frauen entdecken die hübschen Auslagen im Schaufenster des dörflichen Textilwarenladens. Nach dem Kirchgang am Sonntag oder während eines Spaziergangs am Abend werden die neuen Blusen, Kleider und Röcke betrachtet und eine Anprobe am nächsten Tag geplant. Die Kaufentscheidung fällt schwer. Passt das Modell, ist es nicht zu auffällig? Und wie steht es mit dem Preis? Der Kaufmann, Herr Stork, ist großzügig. Er überlässt seinen Kunden die ausgesuchte Ware zur vorläufigen Auswahl. „Sie können es umtauschen, wenn es nicht gefällt." Mutter sucht gern lange aus und tauscht gern oft um. Sie kann sich schlecht entscheiden.

Einfacher geht es beim Kauf der Strümpfe. Die Werbung empfiehlt Perlonstrümpfe, die sind unverzichtbar, und Mutter kauft sie. Sie nennt sie *Nylons.* Was für ein wunderbares Kleidungsstück ist so ein *Nylon*! Er ist elastisch, reißfest, formstabil und pflegeleicht. Kein Bügeln, kein Verrutschen, kein Falten schlagen. Der *Nylon* umhüllt das Bein wie eine zweite Haut.

Damit aber nicht genug. Der besondere Pfiff des Beinkleides ist die Naht. Schmal, dunkel und schnurgerade muss sie von den zarten Fesseln über die Waden bis hinauf zu den schamhaft verdeckten Regionen des Beines laufen. Zu sehen bei Rückenansicht! „Wie sitzen meine Nähte?", fragt Mutter, wenn sie ihre Nylons angezogen hat. Sie dreht ihren schlanken Hals zur Seite, biegt ihren Oberkörper nach hinten, schiebt Leib und Knie nach vorn und schaut, selbst beinahe zu einem Fragezeichen verbogen, hinunter zu den Nähten. Es ist schwierig, den Verlauf der eigenen Strumpfnaht zu beurteilen, da mag der Hals noch so schlank und biegsam sein. Deshalb muss ich Mutter helfen, muss die Naht in die richtige Bahn schieben. Wie seltsam kühl und glatt das Material ist! Bald werde ich auch meine ersten Nylons tragen. Ich

kenne das Datum schon ganz genau. Am Tag meiner Konfirmation wird es sein.
Der Nylon ist zwar ein Wunderstrumpf, doch müssen auch ein paar Pflegetipps beachtet werden. Um das Gewebe beim Anziehen nicht durch raue Haut der Hände zu verletzen, sollte man dünne Baumwollhandschuhe tragen. Sie sind im Handel erhältlich. Die Aufbewahrung in einer speziellen Strumpftasche, aufklappbar wie eine Ziehharmonika, ist aus dem gleichen Grund zu empfehlen. Darin liegt jeder Strumpf gut geschützt in einem separaten, weichen Fach. Aus hygienischen Gründen sollte der Strumpf an jedem Abend leicht in lauwarmem Wasser ausgedrückt und tropfnass aufgehängt werden. Die Farbe der Strümpfe aus den voll synthetischen Fasern kann sich durch Lichteinwirkung leicht verändern. Deshalb, bitte, oft neue kaufen.
Mutter kauft *Nylons*. Hat sie die Pflegetipps nicht genau beachtet? Die reißfesten Wunderstrümpfe sind immer wieder durch Laufmaschen verunstaltet. „Gib sie bei Wiese ab, wenn du morgen Schulschluss hast“, sagt sie. Ich bringe sie zur Reparatur in das Textilhaus in Detmold, *Manufakturwaren und Konfektion. Vollsortiment.* Eine Frau sitzt an einem kleinen Tisch und versieht den *Laufmaschendienst.* Sie repariert die unverwüstlichen *Nylons.* Mit Hilfe einer feinen Nadel, extra für Laufmaschen hergestellt, hebt sie die Masche Stück für Stück wieder hoch und befestigt sie mit einem zarten Nylonfaden. Manchmal repariert Mutter selbst, dann klebt sie die Masche mit Nagellack fest. Sie muss schnell sein, die zarte Leiter am Bein früh genug entdecken, damit der unschöne Fleck unterm Rock oder im Schuh verschwinden kann.

In meinem unaufgeräumten Erinnerungsfach für Modisches liegen neben dem Nylon noch viele andere Namen und Begriffe. *Coco Chanel*, *Pyjama, Baby Doll.* Wie sie klingen, diese verheißungsvollen Wörter. Ein Knäuel allerfeinster Fäden hält sie zusammen: zarte Eleganz, kostbare Kleider, Kostüme, Dessous für die Frau, französisch, reich und schön. Auf geheimnisvolle Weise verbinden sie meine Mädchenwünsche mit der großen, weiten Welt.

Ich muss zurück in mein Dorf, zu meinem Onkel, dem Fliesenlegermeister. Er schaut oft vorbei, sitzt in unserer Wohnküche, fragt, erzählt, lacht. Er ist bekannt für seinen Humor. Heute hat er ein neues Wort mitgebracht.
Mein Onkel sitzt im Mantel auf dem Küchenstuhl. Er kichert leise, seine Schultern heben und senken sich, er klopft sich auf die Schenkel: „Stellt euch vor, bei Stork im Schaufenster liegt ein *Pölter*. Und was haben sie dran geschrieben? *Pyjama!*"
Der Onkel hebt seinen schweren Kopf mit dem spärlichen Haarwuchs, formt seine dicken Lippen so gut es geht zu einem Flötenmund, macht eine kurze Pause und lässt das Wort in den Raum stolzieren: *Pyjama!* Ein schmales, spitzes Ü pustet er hervor, zieht es lang, immer länger, lässt es hinüberrutschen zu einem hohen A, das sich ein zweites Mal erhebt und eine Weile strahlend im Raum steht. „*Pyjama, Pyjama* statt *Pölter!*" Der Onkel prustet los. Immer wieder schüttelt er sich vor Lachen. Er kann sich nicht beruhigen. Vater spöttelt „Was für'n *vornehmes Getue*", und lacht mit seinem Bruder über das verrückte Wort.
Wir alle lachen mit, denn mein Onkel ist einfach wunderbar komisch. Doch das Wort, das mag ich trotzdem.

Irgendwann in meinen Jugendjahren trage ich einen *Pyjama*. Er heißt *Baby Doll.* Ein loses Oberteil in A-Form mit kurzen Puffärmeln, dazu ein kurzes Pumphöschen, rosa-weiß kariert aus feinem Baumwollbatist. Ein Traum!
Und irgendwann trage ich ein *Coco Chanel*-Kostüm aus Wolle, Bouclé: Ein kurzes Jäckchen mit goldfarbigen Metall-

knöpfen und einer zarten Litze als Besatz, dazu ein schmaler Rock, der gleich unterhalb des Knies endet. Farbe: zartes Rosa-Weiß!

Im Textilwarenladen des Dorfes gibt es einen Bereich, der ist nur für Frauen zugänglich. Abseits vom fröhlichen Kaufgeschehen, neben der Abteilung *Heimtextilien,* kauft man *Miederwaren.* Eine freundliche Verkäuferin berät diskret und taktvoll in Sachen Hüfthalter, Korseletts und Büstenhalter. Hinter Glasscheiben und in Schubfächern versteckt liegen kleine Pappkartons, versehen mit den verschiedenen Markennamen und Größenangaben. Kein Wäschestück für *Darunter* liegt offen da. Verborgen in Kästchen und Schachteln ist die Damenwäsche, von der man nur in leisen Tönen spricht.

Ein BH! Dieses Kleidungsstück macht ein Mädchen zur Frau. Aufregend unbekannte Gefühle begleiten mich, als ich die Miederwarenabteilung betrete. Ist es Stolz oder Angst? Ich bin vierzehn Jahre alt, und ich will mir endlich den geheimen Wunsch, einen Büstenhalter zu tragen, erfüllen. Schließlich ist ein BH mehr als nur ein Kleidungsstück. Er bringt die Frau in Form. Die Reklame verheißt einen üppigen Busen, trägt man *Doreen*, das *Triumph-Modell,* das auch von *Marilyn Monroe* bevorzugt wird.
Ob es auch für mich ein passendes Modell gibt? Hinter verschlossener Tür habe ich Mutters lachsfarbenen Büstenhalter angeschaut und ihn vorm Spiegel um meine kleinen Brüste gelegt. Zum Spaß! Doch jetzt ist es kein Spiel. Nach ernster und diskreter Beratung bitte ich um die kleinste Körbchengröße. Frau Storck reicht mir ein BH-Modell zur Anprobe hinter den dunklen Vorhang. Sie reicht ein zweites, ein drittes. Ich prüfe, schaue in den Spiegel, stecke ein Taschentuch

in die Körbchen. Umsonst! Meine Brüste sind zu klein. Enttäuscht reiche ich die ersehnten Modelle zurück. Sie verschwinden fein säuberlich in einer Vitrine hinter dem gläsernen Ladentisch für die nächste Kundin.

Dienstags ist Geigenstunde. Gleich nach dem Schulunterricht, mittags um ein Uhr mache ich mich auf den Weg. Mein Schultornister auf dem Rücken, in meiner rechten Hand mein Geigenkasten. Den Wall entlang, an der Mittelmühle vorbei, hinüber zur Paulinenstraße, links das große Postgebäude, weiter unter der Bahnunterführung hindurch, den Kronenplatz kreuzen, die Arminstraße hinunter, vorbei an den Fabrikgebäuden bis zum Ende der Straße. Beinahe eine endlose Stunde dauert der Gang. Ich bin müde. Meine Füße tun weh, der Tornister drückt, und mein Geigenkasten wird immer schwerer. Diese hässlich lange Arminstraße! Es ist heiß, die Luft in dem Industriegebiet ist angefüllt mit Dämpfen und Gestank. Kein Mensch ist zu sehen. Hinter den hohen Fabrikmauern hört man dumpfes Dröhnen und schrilles Pfeifen der Maschinen. Manchmal heulen Sirenen die Mittagspause ein oder aus.
Hinter dem letzten Fabrikgebäude führt ein schmaler Weg rechts hinein auf einen unscheinbaren Platz. Ein üppiger Kastanienbaum füllt mit seinem warmen Grün den kleinen Hinterhof und lässt den beklemmenden Anblick der Industriestraße vergessen. Endlich! Noch ein paar Schritte im Schatten des großen Baumes, dann bin ich angekommen.
Hinter der Kastanie liegt das ärmlich anmutende kleine Haus, in dem mein Geigenunterricht stattfindet. Das Schwarz und Weiß seines Fachwerks beruhigt, erinnert an Häuser in meinem Dorf. Nach dem Zug an einer Glocke wird die hölzerne,

ein wenig schiefe Eingangstür geöffnet. Meine Geigenlehrerin steht da, spricht, lacht und winkt mich herein. Ist sie jung oder alt? Eine Schürze über dem geblümten Kleid hat sie lose um ihre etwas füllige Gestalt gelegt und hinter ihrem weichen Hals verknotet. Das tiefschwarze, matte Haar mit dem unordentlichen Scheitel und dem locker gebundenen Pferdeschwanz wirkt ein wenig unfrisiert. Ihre dunklen, fast schwarzen Augen über den hochstehenden Backenknochen im blassen, großen Gesicht schauen mich freundlich an. Fräulein Schilp bittet mich, durch den engen Flur mit seinem halbblinden Spiegel in ihren Wohnraum. Hier lebt sie mit ihren fünf Katzen. Ein seltsames Gemisch von Gerüchen empfängt mich. Eng ist es. Neben Sofa, Schrank, Ofen, Tisch und Stühlen nimmt auch ein Klavier seinen Platz ein. Verstreut im Raum stehen Fressnäpfchen für die geliebten Vierbeiner. Ich lege meinen Tornister und Geigenkasten auf das abgewetzte Plüschsofa, beuge mich hinunter zu der Schwarzbraunen und lasse meine Finger durch das weiche Fell gleiten. Fräulein Schilp hantiert am Herd im Flur, wärmt einen Kakao auf, bläst Katzenhaare aus einem Becher und füllt ihn mit dem heißen Getränk. „Du hast sicherlich Durst. Hier nimm." Fürsorglich reicht sie mir den Kakaotrunk. Seine wohlige Wärme vertreibt meine Müdigkeit. Jetzt kann der Geigenunterricht beginnen.

Behutsam, beinahe ein wenig feierlich öffne ich die Schutzhülle und den Geigenkasten. Ein leises Ratschen des metallenen Reißverschlusses, ein Klicken der Schlösser, dann liegt das kostbare Instrument vor mir in einem Bett aus weichem, blauem Samt. Wie passgenau seine Form den Körper meiner Geige umhüllt! Vorsichtig entferne ich den weichen, in Violinform geschnittenen Filz von den Saiten. Da liegt sie, die Geige in ihrer schönen Gestalt. Ich hebe das zarte Instrument hervor, leicht und zerbrechlich liegt es in meinen Händen. Zärtlich gleiten meine Finger die geschwungenen Kurven

der Zargen entlang, umfahren den Körper mit seiner schmalen Taille und ertasten die liebliche Form der Schalllöcher. Die liegen wie zwei wunderbare Schnörkel in der hochglänzenden Holzdecke und erinnern in ihrer ornamentalen Linie an Vaters Zugabe zu seiner Unterschrift. Und dann ist da der schlanke Geigenhals, der weich in einer vollendeten Schnecke endet. Diese Schnecke! Die Schrift meiner Mitschülerin Ingeborg ist voller musikalischer Bögen und Schwünge, beim Buchstaben S lässt sie zwei gekonnte Schnecken an seinen Enden hervorwachsen, ähnlich einer Geigenschnecke. Ich liebe und bewundere solche Schneckenschnörkel.
Leider wird die schöne Gestalt des Geigenhalses durch vier abstehende, dunkelfarbige Wirbel gestört. Sie dienen dem Stimmen der Saiten, eine unangenehme, aber notwendige Tätigkeit. „Das muss sein", sagt Fräulein Schilp und schleift mit dem Drehen der Wirbel langsam die Saiten zu ihrem vorgesehenen Ton ein. Manchmal legt sie danach meine Geige an ihre Schulter, streicht mit dem Geigenbogen über die Saiten und lässt die Finger ihrer linken Hand auf dem Griffbrett tanzen. Eine zauberhafte Melodie ertönt, ein Klang, der mir bis ins Herz geht, den ich aber niemals erreichen werde. „Das wird schon", sagt Fräulein Schilp, wenn ich enttäuscht und verzweifelt die Geige nach dem Vorspielen zur Seite lege. „Du musst üben, üben, üben", sagt meine Lehrerin. Ich übe. Ein Jahr, zwei Jahre, viele Jahre lang mühe ich mich um die Violine, dieses wunderschöne Instrument. Wann endlich wird sie die lange ersehnten, herrlichen Klänge und Melodien ertönen lassen? Ich warte vergebens. Die Auserwählte erwidert meine Liebe nicht. Erst Jahre später wende ich mich ab von der unglücklichen Leidenschaft zur geliebten Geige.

Für Notenkäufe schickt mich meine Geigenlehrerin zur Musikalienhandlung *Meindl u. Sohn*, Paulinenstraße 43. Hier kann man Musikinstrumente, Noten und Schallplatten kaufen. Über ein paar Stufen betrete ich den winzigen, mit Inventar übervollen Laden, um den 2. Band meiner Violinschule zu kaufen. Herr Meindl steht hinter dem kleinen Ladentisch und berät einen Kunden. Es ist Lores Bruder Felix. Ich kenne ihn flüchtig. Ich weiß, dass er besonders gut Klavier spielen kann. Sein Vater, Techniker von Beruf, ist leidenschaftlicher Hobbymusiker und lässt zur Verwunderung der Dorfbewohner seine drei Kinder das Gymnasium besuchen. Damit aber nicht genug: Sie erhalten auch noch privaten Musikunterricht. Lore und beide Brüder erlernen das Klavierspiel, Felix erhält zusätzlich Geigenunterricht. „Die haben wohl einen Großen im Koppe", so spricht man im Dorf über das *großspurige Getue* der Familie. „Der Herrgott lässt keine Bäume in den Himmel wachsen", meint ein Nachbar, als der Vater tödlich verunglückt.

Jetzt steht Felix vor mir in dem kleinen Detmolder Musikladen. Er sucht eine Schallplatte. „Ich habe einen Auswandererfilm gesehen. Darin war immer wieder eine wunderbare Melodie zu hören, eine Oboenstimme aus einer Sinfonie. Hören Sie!" Felix singt die gesuchte Melodie, und Herr Meindl hört genau hin. „Das ist *Aus der neuen Welt, die Symphonie Nr. 5 von Antonin Dvořák*." Über das ernste Gesicht des Jungen huscht ein Lächeln. „Haben sie die Platte? Es wäre meine erste!" Herr Meindl hat sie. Die kleine, runde Scheibe mit rotem Aufkleber steckt in einer Hülle, die das Bild einer hell erleuchteten Großstadt zeigt. *PHILIPS – MUSIK FÜR SIE* steht neben Titel, Komponist und Ausführenden. Felix nimmt die lange gesuchte Schallplatte und verlässt glücklich den Musikladen. Ich schaue ihm nach. Er hat mich nicht beachtet, er kennt mich nicht.

Herr Meindl nimmt meine Bestellung entgegen. Über ein paar Stufen steigt der kleine, runde Mann mit dem wilden

Kraushaarkopf in den hinteren engen Raum. Während er die Violinschule unter den Stapeln von Noten hervorsucht, entdecke ich ein Liederbuch, den *Zupfgeigenhansel*. Was für ein Titel und welch ein Einband! Ein gestiefelter Bursche mit Hut, der samt Laute im Arm kräftig ausschreitet, schmückt den Buchdeckel. Im Innern sind zwischen Noten und Texten Scherenschnitte von Pflanzen, Tieren und Menschen eingestreut. Ein neues Liederbuch? Nein, es ist die Sammlung der Lieder, die seit langem in unserer Großfamilie und in der Schule gesungen werden.

Wo aber habe ich die neuen Lieder kennen gelernt, die ich den Flüchtlingen und meiner Geigenlehrerin zuordne? Der *Vugelbärbam*, das *Riesengebirgslied*, das Lied *S'ist Feieromd*. Die unbekannten Texte in fremder Mundart üben auf mich eine große Faszination aus. Voller Leidenschaft singen wir zu Hause und in der Schule die melancholischen Lieder. Sie formen in meinem Kopf das Bild vom traurigen Flüchtling und seiner verlorenen Heimat.
Fräulein Schilp ist als Flüchtling aus Schlesien nach Detmold gekommen. Sie spricht viel und gern von ihrer Heimat. Das bevorstehende Schlesiertreffen in unserer Stadt ist für sie von großer Bedeutung. Und so entsteht ihr Plan: Meine Schwester, Fräulein Schilp unterrichtet sie im Klavierspiel, soll gemeinsam mit mir auf dem nächsten Landsmanntreffen das Riesengebirgslied vorsingen. Zweistimmig. Im Theater wird das Treffen stattfinden: ein großes Ereignis in unserer Stadt! Ich bin sprachlos, als ich den Vorschlag höre. Mein Herz klopft laut, und meine Ohren werden bestimmt rot. Nein, niemals werde ich das tun! Ein Auftritt vor so vielen Menschen! Ich habe zwar schon bei einem Weihnachtsmärchen mitgespielt und auch einige Male bei kleinen Familienfesten gesungen, aber im Theater!? „Besprecht die Sache mit euren Eltern!“, fordert uns Fräulein Schilp auf.

Zögernd und stockend erzählen wir von dem ungeheuren Vorschlag unserer Musiklehrerin. Wir sind sehr aufgeregt, voller Angst, oder doch ein wenig stolz? Was ist, wenn wir versagen? Diese entsetzliche Blamage!
Mutter sieht die Sache von einer anderen Seite. Sie denkt nach kurzem Innehalten über unsere Garderobe nach. Dass uns die Darbietung nicht gelingen könnte, kommt ihr nicht in den Sinn. „Ich glaube, da braucht ihr neue Kleider, und zwar müssen beide gleich sein."
In der nächsten Woche besorgt Mutter einen strahlend blauen, herrlich weichen Stoff. Daraus näht sie zwei Kleider. Angekrauster Rock, schlichtes Oberteil mit Stehbündchen, vorn geknöpft, weite, lange Ärmel mit schmalem Bündchen. „Eine wunderbare Stickerei habe ich in einem *Burda*-Heft gefunden. Eine Blumenranke mit bunten Blüten. Die werde ich euch auf die Vorderteile sticken. Plattstich! Ihr könnt mir dabei helfen." Mutter ist in ihrem Element. Sie nimmt Maß, schneidet nach einem Schnittmusterbogen zu, reiht und näht. Anprobe, auftrennen, nähen, zweite Anprobe, sticken. Nun noch der Gürtel. Er bekommt, das ist die Spitze, kleine goldene Tüten an beiden Enden angenäht. Die Kleider werden gebügelt und dann hängen sie pünktlich für den großen Tag in unserem Mädchenzimmer.
Und der Auftritt? Kein Theater, kein Gesang, kein Applaus liegen in meinem Schatz der Erinnerungen. Nichts. In einem riesigen Loch des Vergessens ist mein erster großer Auftritt in der Öffentlichkeit versunken.

Aber das **Lied von Annegret**, das habe ich nicht vergessen. Wie alle Quartanerinnen muss sich Annegret vor der Zeugnisausgabe eine Zensur für Musik ersingen. Selbstsicher steht sie neben dem großen Flügel im Musikraum und singt. Wir hören es ganz genau. Sie besingt das Küssen in all seinen reichen Möglichkeiten, schaut unbekümmert in die Runde und lässt voller Charme ihre rauchige, dunkle Stimme erschallen. Wie kann Annegret nur so ein Lied aussuchen! Sind da in einigen Passagen nicht sogar Andeutungen, die unzüchtig und sündig sind? Überhaupt! So ein Lied! Vom Küssen spricht man nicht. Und schon gar nicht, wenn man erst 13 ist. Mit verstecktem Lachen folgen wir dem Gesang und schauen beschämt zu Boden. Obwohl, Annegrets Lied, das ist trotzdem schön. Und so aufregend!

Annegret ist anders als wir. Annegret hat keine Mutter. Sie hat eine Haushälterin. Ihr Vater ist Besitzer eines Hotels. Sie trägt ihre langen, kastanienbraunen Haare als schrägen Seitenpferdeschwanz, hat eine blasse Porzellanhaut, eine dunkle Stimme, und sie hat Rollschuhe. „Mit Rollen von TEMDE", sagt sie. Die Detmolder Leuchtenfirma stellt neben Holzlampen auch hölzerne Rollen für Rollsportler her, eine besondere Spezialität.

Wenn ich mit der Straßenbahn aus der Schule komme, kann ich über den kleinen Bretterzaun schauen, der die Rollschuhbahn am Neuen Krug umgibt. Große und kleine Mädchen in kurzen Röcken fahren auf ihren Rollschuhen ihre Runden, mal gekonnt und elegant, mal mühsam und unsicher.

Annegret läuft sehr gut. Manchmal macht sie beim Schaulaufen einer Mädchengruppe mit. Dann kommen wir und gucken zu.

Annegret trägt weiße, hohe Lederschuhe, die mit einem langen weißen Schuhband fest um die Fesseln geschnürt werden. Die Rollschuhe, eine metallene Platte mit vier hölzernen Rollen, klemmt sie unter die Sohlen und schraubt sie mit einem Rollschuhschlüssel fest. Fertig! Jetzt kann Annegret sich einreihen in die Schar der Mädchen. Schlagermusik aus einem Lautsprecher ertönt, und Annegret in ihrem zarten, rosa Tüllkleid schwebt in großen Schwüngen über die Bahn. Ihr Rock ist so kurz, dass ihr Höschen zu sehen ist.

Das muss so sein. Nur so können Rollschuhläuferinnen die unterschiedlichen Figuren perfekt zeigen.
Ich bin begeistert von Annegret.
Im Winter wird die Rollschuhbahn zu einer Eisbahn. Mädchen und Jungen aus der Stadt kommen mit ihren Schlittschuhen. Sie klemmen die fußlangen Eisenkufen mit den verstellbaren Metallplatten unter ihre Schuhe und schrauben mit einem Schlüssel die Platten auf die passende Fußgröße. Das ist mühsam. Erst wenn die Kufen unter den Schuhsohlen fest angeschraubt sind, kann der Lauf beginnen. Auch Annegret fährt Schlittschuh. Doch sie muss nicht lange schrauben. Ihre Schlittschuhe sitzen fest an weißen, hohen Schnürstiefeln. Wie angewachsen. Lederstiefel, nur zum Schlittschuhlaufen! So etwas gibt es!
Und noch etwas gibt es! An den Litfasssäulen kündigen Plakate den Auftritt eines berühmten Eiskunstläufer-Paares an. Wie ein Lauffeuer spricht es sich herum. Marika Kilius und Franz Ningel, zwei Stars in unserer Stadt! Und vor dem großen Auftritt dürfen Schülerinnen des Detmolder Rollschuh- und Eiskunstclubs ihr Können zeigen. Auch Annegret. Da muss man dabei sein!

Als die Schau der großen Stars beginnt, suche ich nach einem geeigneten Platz in der Menschenmenge. Ein fehlendes Brett in der Umzäunung gibt mir schließlich den Blick auf das sensationelle Ereignis frei. Unter Walzerklängen erscheint das Traumpaar, und die Zuschauer halten den Atem an. Ich auch. Diese Einheit von Melodie und Schönheit der Bewegungen, diese Anmut des Paares und ihrer Tanzfiguren! Was für ein berauschendes Gefühl muss es sein, so leicht über die Eisfläche zu schweben.
Wäre das auch etwas für mich? Ich werde meine Eltern nicht fragen. Niemand aus meinem Dorf lernt das Eiskunstlaufen in einem Club. Nur einige der Jungen haben Schlittschuhe

und fahren im Winter auf den zugefrorenen Dorfteichen ihre Runden.

Die Straßenbahnhaltestelle *Lippischer Hof* verdankt ihren Namen dem nahe gelegenen Hotel in der Neustadt. Hier steige ich aus und ein, wenn ich morgens zur Schule gehe und am Mittag wieder zurück in mein Dorf fahre.
Warten lerne ich an der Straßenbahnhaltestelle, Warten und Hinsehen. Müde an das Eisengeländer gelehnt, das zwischen dem schmalen Bürgersteig und dem Wallgraben montiert ist, warte ich nach Schulschluss auf die Straßenbahn Nr. 4. Mein Blick wandert umher, folgt dem Verkehr der Autos und Motorräder, dem Kommen und Gehen der Fußgänger an der großen Kreuzung. Frauen und Männer in Lodenmänteln gehen vorüber. Sind sie Dorfbewohner aus einem der umliegenden Ortschaften? Die Stadtfrauen erkenne ich genau. Damen sagt man zu ihnen. Auf hohen Absätzen und fein geschminkt tragen sie elegante Kleider, modische Wollkostüme, Röcke aus Trevira mit Dauerfalten, Wollmäntel, weiblich tailliert. Herren mit ledernen Aktentaschen tragen Hemden und Krawatten, Trenchcoats, Dufflecoats, Manchesteranzüge, lange Wollmäntel mit Gürtel. Und dann die Frisuren! Bei einigen Frauen ist der Nackenknoten geblieben, andere sind dauergewellt, die müssen bei Regen ihre halblangen, teuer gelockten Haare mit einer Plastikhaube schützen. Viele Herren tragen immer noch einen Kurzhaarschnitt: hinten, vorn und an den Seiten kurz. Aber einige Jungen sind mutig und tragen einen Bürstenschnitt. Das ist *spitze.* Seit Neustem gibt es die *Tolle,* die ist einfach *stark*, so nennen es meine Brüder. *James Dean,* der Halbstarke, trägt sie, und deshalb ist sie vor allem für die Jungen angesagt, die auch ein bisschen halbstark sein möchten. Und wer will das nicht sein? Keck wellt sich die *Tolle* auf vielen Jungenköpfen in einem sanften Bogen über der Stirn nach hinten und

bleibt unbeweglich an ihrem Platz dank *Brisk*. So heißt die Haarpomade für den Mann.
Auch Vater benutzt sie, das kann man riechen. Seit kurzem liegt vorm Spiegel überm Waschbecken eine rote Tube mit der weißen Aufschrift *Brisk-Pomade*. Die Reklame verspricht: *Brisk-frisiert machen Sie den besten Eindruck*. Wer von den Männern will das nicht? Wenn ich an der Haltestelle stehe und warte, ist da kaum ein wilder Haarschopf zu sehen. *Brisk* hält das Männerhaar in Form!

Manchmal sehe ich nicht dem Straßentreiben zu. Dann beuge ich mich über das Eisengeländer hinter mir und schaue auf das Wasser. Ruhig, beinahe stockend ist sein Lauf. Nichts ist mehr zu spüren von der sprudelnden Frische unserer Berlebecke, die den Wallgraben speist. In meinem Dorf oben im Tal ist ihr Silberwasser voll perlender und schäumender Bewegungen, mal sanft fließend, mal reißend und stürmisch. Hier in der Stadt ist der plätschernde Wasserlauf verstummt, eingezwängt und gezähmt, beinahe tot.
An manchen Tagen kommt ein Mann mit weißer Schürze und Kochmütze aus dem Hotel herüber zur Haltestelle. Er hält einen Kescher und einen Eimer in seinen Händen. Er steigt unter dem Geländer hindurch auf einen mit Stangen befestigten Holzkasten im Wasser. Das ist ein Frischhaltebecken, dessen zweigeteilter Deckel mit Maschendraht versehen ist. Übervoll mit blau und grün schimmernden Forellen ist der Kasten. In monotonem Hin und Her schwimmen die Gefangenen auf engstem Raum und suchen nach einem Ausweg.
Der Fischfänger öffnet das Vorhängeschloss des Beckens, hebt den Deckel und stößt mit seinem Kescher in den Schwarm der aufgeschreckten Fische. Ungerührt hebt er einen, zwei oder mehr der bunt schimmernden Forellen hinüber in seinen Eimer. Sie schlagen mit ihren Schwanzflossen,

zappeln, öffnen und schließen lebenshungrig ihre Mäuler. Der Fänger schließt das Holzbecken und trägt die Gefangenen fort zum Verzehr. Das grausame Spiel ist beendet.

Seit kurzem ist an der Haltestelle *Lippischer Hof* eine besondere Attraktion zu sehen: eine Ampel. „Mein Vater hat die Ampeln für Detmold bestellt. Er ist bei der Polizei", sagt meine Freundin Agnes. Ein riesiger Würfel hängt an vier Stahlseilen über der Straßenkreuzung am *Hornschen Tor*. Jede der vier Seiten zeigt in eine der vier Straßenrichtungen. Runde Flächen auf den Seiten, in je zwei rote und zwei grüne Segmente aufgeteilt, liegen sich gegenüber. Ein großer Zeiger wandert im Uhrzeigersinn über die Felder und zeigt dem Verkehrsteilnehmer, wann er gehen oder fahren darf. „Genial", meint Agnes, „schon im Voraus sieht man genau, wann man gehen kann." Die große Attraktion ist von diesem Tag an in aller Munde. Man bespricht das Für und Wider. „Der viele Verkehr braucht so etwas, und kein *SCHUPO* muss den Verkehr regeln", so meinen einige. „Alles Unsinn! Jetzt muss man viel zu lange warten", hört man von anderen. Wenn es um Neues geht, ist man geteilter Meinung.

Es ist noch nicht lange her, da musste man schweren Herzens von der geliebten Straßenbahn Abschied nehmen und sich an Busse gewöhnen. Im Dorf wurde die grüne *PESAG* mit großem Hallo verabschiedet. Zur letzten Fahrt schmückten die Dorfbewohner sie liebevoll mit einem großen Blumenkranz. Ein wenig wehmütig, aber mit lautem Jubel hing damals eine Menschentraube auf den Trittbrettern in den offenen Türen und fuhr im Zockeltempo durch das Tal in die Stadt. Letzte Fahrt, eine Gratisfahrt für alle!
Seitdem fahren Busse. „Moderne Zeiten brauchen Busse", meint die Stadtverwaltung. Die Schienen werden entfernt, die Oberleitungen der *PESAG* verschwinden und die

Heuerampeln regeln den Verkehr. Wieder mal was Neues. Man wird sich gewöhnen, so wie an viele Neuerungen.

Ein Auto ist keine Neuigkeit. Schon seit den Kriegsjahren kenne ich den alten *DKW* meines Onkels. Aber in einem Auto zu *fahren*, das ist immer noch etwas Besonderes. Unvergleichlich ist die Fahrt von Detmold nach Berlebeck im Auto von Gudruns Vater. Wie Heringe sitzen oder stehen wir eng beisammen in und auf den zerschlissenen Autopolstern und fahren mit offenem Verdeck. Und wir kreischen, denn der Vater zeigt, was der alte *DKW* hergibt. Schade, dass solch eine Fahrt nur selten stattfindet.
Hin und wieder erlebe ich eine berauschende Geschwindigkeit auf dem Motorrad meines Onkels Werner.
Seit kurzer Zeit ist er zurück aus russischer Kriegsgefangenschaft. Gesund und lebenslustig ist er, so sieht es aus. Er wohnt zusammen mit Tante Lisa und der kleinen Tochter Anne in unserer Nachbarschaft. Er hat einen Arbeitsplatz als Maschinenschlosser im Krankenhaus der nahe gelegenen Stadt gefunden. Onkel Werner fährt Motorrad. Vernarrt ist er in seine neue, schwere Maschine. 250er Motor, Zündapp! In jeder freien Minute montiert, putzt, repariert der Onkel an dem geliebten Stück. Er kennt sich aus mit Motoren. Während seines Kriegseinsatzes in Russland war er zuständig für Reparaturen von Krafträdern, Lastwagen und Limousinen des Heeres. Er hat viele tausend Kilometer auf Motorrädern und in Autos quer durch Russland zurückgelegt. Die Leidenschaft zu *schweren Maschinen* ist geblieben.
An einem Abend im April warte ich an der Bushaltestelle *Lippischer Hof*, als ein Motorrad vor mir anhält. Onkel Werner! Erst auf den zweiten Blick erkenne ich ihn in seiner braunen Lederbekleidung mit der kurzen Jacke, der Hose, den Stiefeln. Unter der eng anliegenden Ledermütze und der großen Motorradbrille verschwindet beinahe sein rundes Gesicht.

„Komm!“ Mit Herzklopfen steige ich auf den Soziussitz, klemme meinen weit schwingenden Tellerrock zwischen die Beine und drücke meine Schultasche an mich. Dann ein kurzes, dreimaliges Aufheulen des Motors. „Halt dich fest!“ schreit Onkel Werner in den Lärm hinein und mit einem Ruck lässt er seine Maschine vorwärts springen. Ich schlinge meine Arme um den starken Oberkörper und presse mich dicht an seinen breiten Rücken. Der Ledergeruch steigt in meine Nase. Leder, das tragen die Wilden, die Halbstarken und mein Onkel. Leder, ein anrüchiges Material? James Dean und Horst Buchholz tragen Leder. Sie sind die Randalierer, bringen Unruhe in die friedliche Atmosphäre von Heimatfilmen und Volksmusik. Sie sind Störenfriede für die einen, doch Helden für die anderen.
„Jetzt fahr' ich die Maschine ganz aus“, schreit Onkel Werner in den Lärm hinein. Genießt er im Fahrrausch sein Leben nach überstandener Gefangenschaft, oder will er dem eingefahrenen Einerlei des Alltags entrinnen mit einer Prise Revolte? Diese Geschwindigkeit! Der lauwarme Sommerwind wird zum stürmischen Brausen, fährt in meine Haare und wirbelt den Rock hoch um meinen Körper. Wie im Taumel fliege ich durch den Abend, alle Erdenschwere verschwindet, und in meinem Bauch entsteht ein unbändiges Gefühl von Lebensfreude.
Jung sein, rauschende Geschwindigkeit und dazu der starke Onkel Werner! Einige Monate später wird dieses Bild zerstört. Wir sitzen im großen Familienkreis beisammen. Onkel Werner berichtet von einem Kriegserlebnis. Stockend, vorsichtig und in halben Sätzen drängt das ans Licht, was er seit ein paar Jahren mit sich trägt. Bis aufs Mark hat es ihn erschüttert. Aus einem Fenster heraus beobachtete er im Innenhof einer Kaserne die standrechtliche Erschießung eines jungen Soldaten. „Ich bin unschuldig!“ schrie er immer wieder. Onkel Werner, der Starke, kann nicht weiterreden.

Unter Tränen verlässt er den Raum und lässt uns mit seinen Worten und seinem Entsetzen zurück. Sie graben eine tiefe Spur in mein Gedächtnis.

Ein Besuch in der Stadt Detmold außerhalb der Schulzeit ist eine Seltenheit, denn die Schülermonatskarte gilt nur für eine Hin- und Rückfahrt täglich. Ein Fahrrad habe ich nicht, und von einem Auto in der Familie kann nicht die Rede sein. So sind Einkäufe in der Stadt seltene und aufregende Unternehmungen.
Von besonderer Bedeutung ist ein Stadtbesuch ohne Mutter und Vater. Ich habe alle Zeit der Welt, schlendere die *Lange Straße* entlang, über kleine Plätze, durch enge Gassen. Meine Augen haben zu tun. Die interessanten und kuriosen Auslagen in den Schaufenstern, der Märchenbrunnen auf dem Marktplatz mit der lieblichen Nymphe inmitten einer Gruppe zarter Rehe, die kleinen und großen Standbilder von Musikern, Fürsten und Fürstinnen! Und dann die Namensschilder der Straßen und Geschäfte. Das ist ein besonderer Spaß.
Die *Krumme Straße* ist krumm, die *Lange Straße* lang, das Krankenhaus liegt am *Doktorweg*. Gleich am südlichen Ende der Langen Straße ist der Optiker *Brillen-Linse.* Die Inhaberin eines Fleischerladens heißt *Rosa Krautwurst*. Es gibt einen Orthopäden *Großfuß*, einen Malermeister *Quast,* die Reinigung *Kotzenberg* und das *Leuchtenhaus Lampe*. Das Schönste aber steht in großen Buchstaben über dem Eingang eines Handwerksbetriebs an der Paulinenstraße: *Installationen Puffpaff.* Vater kennt die Namen und kann immer wieder darüber lachen.
Der Porzellanladen in der Langen Straße kann zwar nicht mit einem interessanten Namen glänzen, um so schöner und prächtiger sind jedoch seine Waren. Diese Vielfalt von zarten Glasvasen und schweren Kristallschalen, zerbrechlichem

Geschirr und verspielten Porzellanfiguren! Ein Teil des Schaufensters zeigt modernes Design. Die Vasen sind asymmetrisch bauchig, die Schalen einer Fruchtform ähnlich, nicht eindeutig rund oder eckig. Feine, pastellfarbene Linien oder Punkte sind das Dekor. *Schräg ist modern*, sagen dazu die Leute im Dorf und lachen.

Ich stehe vor dem Schaufenster voller Kostbarkeiten und kann mich nicht satt sehen. Das geht schon seit Wochen so. Bald ist Muttertag. In diesem Jahr will ich Mutter nicht den üblichen Fliederstrauß schenken. Sie soll ein ganz besonderes Geschenk erhalten, ein Stück von außergewöhnlicher Schönheit aus dem Porzellangeschäft. Wie oft habe ich überlegt, mein erspartes Taschengeld gezählt, gerechnet, verworfen und wieder vorm Schaufenster gestanden. Jetzt endlich bin ich zum Kauf entschlossen.

Ganz links im Fenster steht zwischen Essgeschirr und Vasen meine Entdeckung. Nicht modern. Nicht asymmetrisch. Es ist ein ovales Porzellanschälchen in schönster Vollkommenheit. Den handgroßen, weißen Boden ziert eine rosa Rose mit zartgrünem Blattwerk. Perfekt gemalt. Der Schalenrand ist durchbrochenes Porzellan, einem Flechtwerk ähnlich. Glänzende Linien überspannen den leicht gebogenen Rand mit einem Netz aus Gold. Zwei winzige Rosenknospen ergänzen das Seitendekor.

Ja, das Schälchen ist etwas ganz Besonderes! Ich bin sicher, dieses Geschenk muss es sein.

Mit klopfendem Herzen betrete ich das Geschäft und nenne meinen Wunsch. Eine Verkäuferin holt das auserwählte Stück und legt es vor mir auf ein Samttuch. „Darf ich?“ Ich darf. Behutsam nehme ich die Rosenschale in meine Hände, drehe und wende sie, streiche über ihr zartes Flechtwerk, genieße den Anblick. Ich schaue unter den Boden. Der Schriftzug *Bavaria – Schumann* und ein Löwenwappen!

Also nicht nur schön, auch von höchster Qualität ist das Schälchen meiner Wahl.
Ich bezahle und verlasse voller Freude das Geschäft.
Mutter lächelt, als ich das Geschenk überreiche. „Wie schön", sagt sie und stellt es in die Vitrine der Guten Stube zu dem Porzellanhirsch. Ich bin enttäuscht. Mutter ist nicht außer sich vor Freude. Schade!
Ich stehe hin und wieder vor der Vitrinenglastür und betrachte die rosengeschmückte Schönheit aus weißem Porzellan. Sie *ist* wunderschön!

Sommerfrische! Das Wort ist mit einer Rede unseres Bürgermeisters wieder in unser Dorf hereinspaziert. Lange war es verschollen, Krieg und Nachkriegszeit hatten es vergessen lassen. Nun soll Berlebeck erneut ein *sommerfrischer* Ort werden und Gäste ins Dorf locken.
„Unser Dorf ist schön! Unser Dorf muss noch schöner werden", so hatte Bürgermeister Klöcking während eines Dorffestes den Bürgerinnen und Bürgern zugerufen. Bei den fleißigen und ordentlichen Hausbesitzern findet dieser Appell offene Ohren. Die Balkone werden mit Blumen geschmückt, die Vorgärten von alten Staketenzäunen befreit und mit fertigen Zäunen aus der Holzhandlung versehen. Viele wild wuchernde Bauerngärten verschwinden, werden zu ordentlich bepflanzten Vorgärten mit Tagetes, Stiefmütterchen und Lubelien. Die Gärtnereien bieten die kurzlebigen Pflanzen reichlich an. Alte Haustüren und Fenster haben ausgedient, werden erneuert. Ein Stück vom Gemüsegarten kann man entbehren. Hinterm Haus entsteht eine Liegewiese.
Auch die Gemeinde räumt auf. Der Verkehrs- und Verschönerungsverein hat Anordnungen getroffen. Straßenarbeiter beseitigen die wilden Müllkippen an den Waldrändern, neue Wanderwege rund um das Dorf werden säuberlich hergerichtet, Wegweiser aufgestellt. Vorm Gemeindeamt und

an öffentlichen Plätzen entstehen Rabatten und Blumenbeete. Das Dorf schmückt sich. Schließlich ist es soweit. Am Dorfeingang kündet eine hölzerne Tafel vom neuen Status. *Luftkurort Berlebeck* steht in geschwungenen Buchstaben unter einem geschnitzten Adler, der seine Schwingen weit über das Tal erhebt. „Die Behörden haben uns die Bezeichnung *Luftkurort* endlich zuerkannt", verkündet unser Bürgermeister stolz.

In den Pensionen und Hotels des Ortes bereitet man sich auf eine große Zahl von Gästen vor. Aber auch in den kleinen Häusern plant man, Feriengäste aufzunehmen. Vor allem die Hausbesitzer in den Neubausiedlungen können zur Abzahlung ihrer Kredite ein kleines Zusatzeinkommen gut gebrauchen. Die Familie rückt zusammen. Der eigene Schlafraum oder das Kinderzimmer wird verplant, um *Zimmer mit* oder *ohne Frühstück* beim Gemeindeamt registrieren zu lassen. *Fünf Mark* kostet eine Übernachtung ohne Frühstück.
Jedes Jahr im Frühling wartet das Dorf auf seine Gäste. Sie kommen per Eisenbahn und Bus aus Berlin, dem Ruhrgebiet oder Holland, um *Sommerfrische* im Teutoburger Wald zu genießen. Nur wenige Gäste reisen im eigenen Auto an. Es herrscht Hochbetrieb im Gemeindeamt. Eine Liste der verschiedenen Angebote liegt aus. Je nach den finanziellen Möglichkeiten wählt man ein Gasthaus, eine Pension oder ein Privatquartier. Immer mehr Menschen können sich Ferien leisten, doch für viele Gäste muss die Unterkunft günstig sein. Da liegt es nahe, dass auch die Privatquartiere gern gebucht werden.
„Ich glaube, ich nehme im nächsten Sommer auch Feriengäste auf." Mutter spricht mit Vater über ihre Idee, in den neuen Markt einzusteigen. „Ein Zimmer im Obergeschoss steht frei, das wäre das Schlafzimmer, und in unserem Wohnzimmer kann ich das Frühstück anbieten."

Mutter ist sehr aufgeregt, als die ersten Gäste erscheinen. Sie hat den Schlafraum hübsch hergerichtet, die dicken Federbetten mit neuen Bezügen versehen, eine Blume auf die Nachtschränkchen gestellt. Die kunstseidene Häkeltischdecke in der *Guten Stube* hat sie gegen eine weiße Damasttischdecke getauscht. Für das Frühstück steht das neue Geschirr bereit, das moderne mit den schrägen blauen Strichen, nicht die alten Sammeltassen. Schließlich muss es für die Gäste das Beste sein, und modern ist das Beste.

Marmelade, Brot, Brötchen, Butter und Eier hat Mutter auf dem neuen Servierwagen aus der Küche herangerollt. *Dinett* heißt er und ist Mutters neue Anschaffung. Er ist zusammenklappbar, kratzfest und rollbar, ein perfekter Diener im Haus und auf der Terrasse. „Praktisch", sagt Mutter. Sie trägt die Kaffeekanne unter der neuen, abwaschbaren Kaffeemütze auf den Frühstückstisch. Fehlen nur noch die weißen Stoffservietten, dann können die Gäste kommen.

Ausgeruht und fröhlich erscheint das Ehepaar zum Frühstück in der *Guten Stube*. Aus dem Ruhrgebiet ist man per Bahn und Bus angereist, um die Sommerfrische in dem *wunderschönen Berlebeck* im Teutoburger Wald zu genießen. Mutter spricht ein paar nette Worte, gibt Tipps und Erklärungen zu Wanderwegen und Sehenswürdigkeiten, empfiehlt Gaststätten für eine gute Mittagsmahlzeit. Eine freundliche Atmosphäre entsteht. Man erzählt, fragt, gibt Ratschläge, um dann den Tag getrennt zu verleben. Wir Kinder stehen am Rande des Geschehens, doch halten wir Augen und Ohren weit offen. Wir nennen die Gäste *die Fremden*. Wer sind sie? Was erzählen sie, und was bringen sie an Neuem mit?

Unsere Neugierde wird enttäuscht. Nach anfänglichem Staunen über große Koffer, moderne Kleidung und ungewohnte Kosmetikartikel geschieht nichts Aufregendes. Die Fremden gehen spazieren, besuchen die Adlerwarte, das

Hermannsdenkmal und die Externsteine, gehen essen und kaufen sich an einem Kiosk ein Andenken für ihr Wohnzimmer im Ruhrgebiet: einen Adler oder einen Hirsch, eingebrannt in eine oval geschnittene Holzscheibe mit dem Schriftzug *Luftkurort Berlebeck.*
Schon bald wird uns Kindern das Geschäft mit den Gästen lästig. Zu festgelegten Zeiten müssen wir im eigenen Haus ruhig sein, dürfen nicht auffallen, das Wohnzimmer nicht betreten. Wir haben die Gäste satt. Sie stören.

Und die Erwachsenen? Mit Bewunderung, einer Portion Neid oder leichter Verachtung schaut man auf die Fremden. Selten nur entwickelt sich eine Freundschaft. Die Sommerfrischler sind *Städtker*, da hat man im Dorf seit eh und je Vorbehalte. Auch Mutter will nicht länger die Privatpension betreiben. Nach zwei Saisons meldet sie *Zimmer mit Frühstück* im Gemeindeamt ab.

„Wie wäre es, wenn wir selbst einmal **Ferien** machen?" Vater schlägt im Sommer 1951 eine Fußwanderung von zehn Kilometern über die Gauseköte nach Oesterholz vor, um dort in der Senne mit seinen Kindern zu zelten. „Ich kenne ein Wäldchen, in dem wir unsere Zelte aufschlagen können. Alte Militär-Zeltplanen können wir von Freunden ausleihen. Decken haben wir selbst. Stroh als wärmende Unterlage holen wir vom Bauern. Das wird gehen." Vater plant und sorgt vor. Als schließlich das große Unternehmen startet, trägt er einen alten Militärrucksack mit Zeltplanen, Decken, Proviant und Waschutensilien. Seine mit Filz umhüllte Feldflasche aus Militärtagen ist mit Himbeersaft gefüllt. Unser Bruder trägt sie stolz an seinem Gürtel. Für uns Schwestern hat Mutter zwei Rucksäcke ausgeliehen. Regencapes, Zahnbürsten, Seife und Proviant sind darin verstaut. Voller freudiger Erwartung

ziehen wir los. Als am Abend die Zelte aufgeschlagen sind, erleben wir Kinder die erste Nacht im Freien. Fremde Geräusche, die klare, kalte Luft, die Dunkelheit und der Sternenhimmel, wie wunderbar! Vater spricht von der Unendlichkeit und der Ewigkeit. Für eine kurze Zeit werden wir ganz still.
Am nächsten Morgen weckt uns ohrenbetäubender Lärm. In panischer Angst stürzen wir aus unseren Zelten. Was geschieht? Panzer der britischen Besatzungstruppen donnern durch das Wäldchen. Sie kommen unseren Zelten so nahe, dass wir in Todesangst in alle Richtungen auseinander laufen. Erst als die riesigen Kettenfahrzeuge laut dröhnend verschwunden sind, kommen wir zum Zeltplatz zurück. „Der Schreck ist uns in die Glieder gefahren", sagt Vater, als wir noch am selben Tag die Ferien im Freien abbrechen und zurück in unser Dorf wandern.

Meine Eltern haben auf Anraten unseres Hausarztes für mich eine Kur beim Gesundheitsamt der Stadt beantragt. Sie ist genehmigt worden. Nun soll ich gemeinsam mit 80 fremden Mädchen sechs Wochen lang in einem Kinderheim auf der Nordseeinsel Amrum verbringen, um meine ständigen Erkältungen zu kurieren. Zum ersten Mal muss ich mein Dorf verlassen, zum ersten Mal werde ich das Meer sehen und zum ersten Mal eine lange Zeit ohne Eltern und Geschwister sein. Freudige Erwartungen, Neugierde und Ängste begleiten mich auf der Busfahrt zur Insel.
Und dann sehe ich das Meer! Diese Weite! Dieses Rauschen, Kommen und Gehen der Wellen. So unendlich groß ist der Himmel über dem Meer. Wo sind Ende und Anfang, und was kommt dann?
Ich kann nicht viel an dieses Wunder denken. Der Alltag im Kinderheim in Wittdün verschlingt mich. Vorschriften für den Tagesablauf mit Frühstück, Morgengymnastik,

Mittagsschlaf, Wanderungen, Spiele am Strand und Schwimmen im Meer, Waschzeiten und Nachtruhe. Ich muss mich einreihen in den Gang der großen Gruppe fremder Mädchen, muss meine Gefühle verstecken, darf nicht aus der Reihe tanzen. Niemand darf das. Mit Strenge sorgen die Erzieherinnen für den geregelten Tagesablauf.
Sechs Wochen, das sind viele Tage. Langsam entsteht ein bisher unbekanntes Gefühl in mir, heftig wie ein körperlicher Schmerz. Sitzt es im Bauch oder im Hals? Es macht sich breit, wächst, wird immer stärker und fließt endlich in einem Tränenstrom heraus. Jeden Abend muss ich weinen, leise, damit es niemand hört. Als Tante Anneliese meinen Kummer bemerkt, tröstet sie mich: „Das ist Heimweh!" Jetzt habe ich einen Namen für das Gefühl. Das hilft ein wenig.
Zum Kuraufenthalt am Meer gehört eine Fahrt zur Hallig Hooge. Als unser Boot anlegt, traue ich meinen Augen nicht. Grün! Das ist es! Grün fehlte. Hier ist es, das saftige Dorfgrün von meinem Zuhause. Wittdün ist gelb, hat eine fremde Farbe. Kein kleines Stück Wiese, kein grüner Acker, kein grüner Wald, nichts. Aber hier auf der Hallig gibt es Grün im Überfluss, so wie in meinem Dorf. Grüne Weiden und Wiesen, soweit man sehen kann. Von diesem Tag an ist mein Heimweh zu ertragen.

Im Jahr 1950 wird das Lyzeum in *Mädchengymnasium mit Frauenoberschule* umbenannt, das bedeutet eine Aufteilung in einen sprachlichen und einen hauswirtschaftlichen Schulzweig. Unsere Lehrer informieren uns, welche Fächer zu dem jeweiligen Schulzweig gehören. Ich höre von Latein im sprachlichen Zweig, von Handarbeiten, Kochen, Hauswirtschaft, Säuglingspflege und Praktika in der Frauenoberschule. Was soll ich wählen? Ich bin ein Mädchen und will

natürlich einmal eine Mutter werden. Da scheint für mich und meine Eltern der hauswirtschaftliche Schulzweig sinnvoll zu sein.
Nach der Quarta findet die Teilung der Schulklassen statt. Ich besuche die Frauenoberschule. Im Laufe der nächsten Jahre spüre und erfahre ich, dass dieser Schulzweig als zweitrangig in der Schule und der Stadt angesehen wird. Kein Latein! Das ist kein richtiges Gymnasium! *Puddingabitur* ist die abfällige Bezeichnung der Abschlussprüfungen.

Fräulein Haupt ist unsere Klassenlehrerin. Als junge Assessorin für die Fächer Mathematik, Biologie und Physik hat sie wegen der Kriegswirren eine verkürzte Ausbildung durchlaufen. Sie ist keine ganz *richtige* Studienrätin im Kreis der Gymnasiallehrer! Hinter vorgehaltener Hand ist der Makel bis zu den Schülerinnen vorgedrungen. Deshalb ist Fräulein Haupt prädestiniert für den Unterricht in der Frauenoberschule, Schulzweig 2. Wahl, kein Vollabitur.
Eine Unterrichtsstunde bei Fräulein Haupt beginnt pünktlich. Aufrecht, konzentriert steht die junge Frau vor den kritischen Augen ihrer Schülerinnen. Ihre rotblonden, sperrigen Haare hat sie zu einem lockeren Knoten gebunden und mit metallenen Nadeln festgesteckt. Ihre Kleidung: schlichter Rock, Hemdbluse, Strickjacke, bequeme braune Schnürschuhe, jeden Tag. Das ist praktisch, aber ohne jeden modischen Geschmack. „Unmöglich, wie sie sich kleidet", flüstert es im Klassenzimmer. Ihre unauffällige Erscheinung kann uns Teenagern wahrhaftig nicht imponieren. Doch sie gewinnt uns. Was ist ihr Geheimnis, dass ihre Schülerinnen noch nach vielen Jahren mit Achtung an sie denken? Einen Baum der Erinnerung pflanzen wir am 50. Jahrestag des Abiturs.
Fräulein Haupt hält oft kleine *Reden an ihr Volk,* so nennt sie es, wenn sie tadelt, mahnt, erklärt und um Aufmerksamkeit

bittet. *Herrschaften* ist ihre leicht ironische Anrede an ihre Untergebenen. Dabei rüttelt sie beiläufig an dem starren Regelwerk von Befehl und Gehorsam, Macht und Ohnmacht, Oben und Unten in den Klassenzimmern. Zwischen Strenge und Verständnis, Abstand und Nähe verläuft der Unterricht, in dessen Mittelpunkt die mathematischen und naturwissenschaftlichen Erkenntnisse stehen. Sie liebt die logischen Zusammenhänge, die Regeln und Formeln der Mathematik, die faszinierenden Erkenntnisse und Einblicke in die Natur. Geduldig und in kleinen Schritten führt sie uns in naturwissenschaftliches Denken ein. Im Biologie- und Physikunterricht hören und sehen wir kleine Wunder. Noch nie vorher habe ich durch ein Mikroskop geschaut, nie von einem Insektenstaat, von chemischen Elementen, von einer Zellteilung gehört. In meinem Kopf gibt es bisher noch keine Fotos und keine Filme der Pflanzen- und Tierwelt, dem Mikro- und Makrokosmos. Ich betrete in Fräulein Haupts Unterricht unbekanntes Land, von dem sie begeistert ist. Mit sichtlichem Vergnügen lässt sie ihre Schülerinnen auf Exkursionen, in Gesprächen, durch Experimente und Lehrbücher daran teilhaben.

Hin und wieder zeigt uns Fräulein Haupt Filme, die sie bei der Kreisbildstelle im Schulamt ausgeliehen hat. Das ist schwierig. Wir ziehen die gelben Vorhänge der hohen Fenster zu, stellen einen Kartenständer vor die Wandtafel, warten im dämmrigen Raum auf das aufregende Geschehen. Fräulein Haupt hantiert am Filmprojektor, legt die Spule des 16-Millimeter-Films ein, schaltet an. Es geht los. Der große, schwere Vorführapparat beginnt zu surren, und schwarz-weiße Bilder flimmern über die weiße Rückseite einer Landkarte, die an dem Kartenständer baumelt. Stille im Raum, nur leises Schnurren, dann ein lautes Quietschen, ein Ratschen, die Bilder flimmern. Schluss! Ein Knäuel

Zelluloid schlängelt sich neben der Spule. Fräulein Haupt ist verzweifelt. Sie schickt nach einem hilfreichen Kollegen. Gemeinsam beginnt das Spiel von neuem. Wir warten. Nicht immer gelingt der Neustart. Fräulein Haupt gibt auf. „Technik!", murmelt sie und schüttelt den Kopf.
In der wöchentlichen *Fragestunde* stellt die junge Lehrerin sich geduldig unseren Fragen nach Gott und der Welt. Sie ermuntert zum Lesen und gibt Gelegenheiten, unsere Lieblingsbücher vorzustellen. Meine Wahl fällt auf „Die Chronik der Sperlingsgasse" von Wilhelm Raabe und „Jugenderinnerungen eines alten Mannes" von Wilhelm von Kügelgen.
Schule bietet so unendlich viel Neues, ist voller interessanter Überraschungen und Erlebnisse. Doch Vorsicht! Nicht alle Schülerinnen teilen meine Meinung. Zu viel Begeisterung darf man nicht zeigen. *Streber* wäre mir als Bezeichnung gewiss, und wer will das schon sein!
Im Deutschunterricht stehen die klassischen Dramen auf dem Lehrplan. „Den *Wilhelm Tell* könnt ihr euch bei Schnelle besorgen", lautet die Anweisung unserer Lehrerin.
Nach Schulschluss laufe ich den Wall entlang zur *Langen Straße*. In einem der prächtigen Bürgerhäuser befindet sich die Buchhandlung Schnelle. Das schöne Bauwerk sehe ich nicht. Meine Erinnerung führt mich direkt in einen langen, dämmrigen Raum, dessen Wände bis zur Decke mit Bücherregalen bestückt sind. Es riecht nach Papier, nach Staub und Enge. Erst wenn das Auge sich an die spärliche Beleuchtung gewöhnt hat, verraten die unendlich vielen Buchrücken die Titel. Ich lese. Schließlich erscheint Herr Schnelle aus der dunklen Tiefe des hinteren Raumes. Ein großer, weißhaariger Mann schaut mich ernst an und fragt nach meinem Wunsch.
„Ein *Reclam-Heft, Wilhelm Tell* von *Friedrich Schiller.*"
Herr Schnelle verschwindet im hinteren Teil seines Ladens und holt das Gewünschte. Ein kleines, gelbes Heft, einfache

Klammerbindung, Papierumschlag. „Im *Reclam* könnt ihr unterstreichen und euch Notizen machen“, so hatte unsere Deutschlehrerin das Heft empfohlen. Achtzig Pfennige ist der Kaufpreis.

Das nächste Schuljahr bringt neue Lektüre. Es sind die Kurzgeschichten von Wolfgang Borchert in der Sammlung *Draußen vor der Tür.* Zum ersten Mal beschäftigen wir uns mit Nachkriegsliteratur. Wir lesen von den Schrecken des vergangenen Krieges, die das Leben von Menschen aus der Bahn geworfen haben. Eine beklemmende Atmosphäre der Trauer und Hilflosigkeit macht sich breit, und in unser unbekümmertes Schülerdasein fällt ein Schatten aus einer anderen Generation.
Doch wir sind Teenager. Unsere Betroffenheit hält nicht lange an. Die stündlich wechselnden Fächer mit immer neuen Inhalten bewegen nur kurzzeitig unsere Gedanken und trainieren im Laufschritt unterschiedliche Fähigkeiten. Wir zeigen übermütige Lebenslust, das ist angesagt. Andere Gefühle verbergen wir voreinander. Nur keine Blöße zeigen! Wir sind stark.

Wer hat damit begonnen, mit der neuen Mode für den Turnunterricht? Coco Chanel hat gestrickte Badeanzüge entworfen. Die modebewussten Quartanerinnen tragen seit kurzem selbst gestrickte Turnhosen aus schwarzer Wolle, eng anliegend. Sind sie zu eng und aufreizend? Das ist schick, finden wir Schülerinnen. Unsere Frau Direktorin nicht. Sie mag es nicht, wenn wir uns in dem figurbetonten Kleidungsstück auf unserer öffentlichen Trainingsbahn sehen lassen. Das ist der Wall. Einen schuleigenen Sportplatz gibt es nicht, deshalb trainieren wir auf dem Schotterweg vor unserem Lyzeum. In stummem Einverständnis mit den Passanten üben wir hier den 50-Meter-Lauf für die jährlichen Bundesjugendspiele.

Sie finden im Sommer auf dem Pinneichen-Sportplatz, beinahe 3 km entfernt von der Schule, statt.

Bea ist eine besonders gute Sportlerin. Sie trägt keine gestrickte Turnhose. „Ist doch affig, 'ne Strickhose", sagt sie und trainiert in der üblichen schwarzen Hose: Taillengummiband, weites Bein, Oberschenkellänge.
Wir üben in drei Disziplinen. Wir laufen, werfen und springen für Sieg und Ehre. Ab 40 Punkten gibt es eine Siegerurkunde, unterschrieben vom Kultusminister des Landes NRW. 55 Punkte und mehr bringen eine Ehrenurkunde. Die ist vom Bundespräsidenten, Herrn Dr. Heuss, persönlich unterschrieben. Bea ist spitze. Bea bekommt für 62 Punkte eine Ehrenurkunde und eine Buchprämie. Ich gewinne eine Siegerurkunde, knapp. Der Bundespräsident muss für mich nichts unterschreiben.

Schulgerüche

Bohnerwachs

Im Keller Lysol

Auf dem Pausenbrot
Leberwurst
Harzer Käse
Ein Spiegelei

Umkleideräume
Voll
Hemden
Und Hosen
Und Socken
Und Turnschuhe
Dazu die Matchbeutel

Die Turnhalle
Leder und Schweiß

Jod auf der Wunde

Lehrerzigarettenfinger

Mandelgeruch von Pelikanol

Und manchmal
Ein Hauch von 4711

Schule

Jeden Tag
Viele Wochen
Viele Monate
Neun lange Jahre

45 Minuten Unterricht, 5 Minuten Pause, 45 Minuten Unterricht, 20 Minuten Pause, 45 Minuten Unterricht, 5 Minuten Pause, 45 Minuten Unterricht, 10 Minuten Pause, 45 Minuten Unterricht, 5 Minuten Pause, 45 Minuten Unterricht.

Es ist Schulschluss. Ich stehe an der Haltestelle und warte. Meine lederne Schultasche ist schwer. Ich bin müde und habe Kopfschmerzen. Der Bus kommt, er ist wie immer überfüllt. Ich fahre zurück in mein Dorf und steige aus. Noch ein paar Schritte durch unseren Gemüsegarten. Im Vorbeigehen streife ich eine Handvoll frische Erbsen ab und genieße die Süße. Dann endlich bin ich zu Hause. Mutter ist da. Sie hat für alle gekocht. Vater wird mit dem nächsten Bus kommen.

Sexta, Quinta, Quarta, Untertertia...

Irgendwann im Laufe der Jahre wird ein neues Wort in den Schulalltag eingeschleust. *Schülermitverwaltung*! Oder ist es *Schülermitbestimmung*?

Wir wählen Klassensprecher und Vertreter, bilden den Schülerrat, wählen Schulsprecher und Vertreter, wählen einen Vertrauenslehrer. Von Demokratie sprechen Lehrer und Schüler, wenn wir wählen und in den Sitzungen des Schülerrats Ideen, Fragen, Vorschläge sammeln, um den Schüleralltag mit zu gestalten. Wir reden, überlegen, ereifern uns, werden müde, resignieren. Nichts Rechtes will gelingen.

Schließlich bleibt die *Milch*. Seit die Amerikaner die Schulspeisung im Sommer 1950 eingestellt haben, verwalten Schülerinnen den Kauf und die Verteilung der Milch- und Kakaoflaschen.

Für einige Schülerinnen und Schüler gibt es außerhalb der Schule eine Möglichkeit, um über das Neuland *Demokratie* in angenehmer Atmosphäre nachzudenken. Der Jugendhof Vlotho bietet jedes Jahr neben den *Musischen Wochen* auch eine *Politische Woche* für Jungen und Mädchen der lippischen Gymnasien an. „Das hat unser Oberschulrat eingefädelt", wissen die Lehrer und Schüler. Persönlichkeiten aus verschiedenen Berufen halten Vorträge, leiten Diskussionen.

Daran können die Klassensprecher und ihre Vertreter teilnehmen. Eine großartige Sache, bieten doch diese Wochen neben der Weiterbildung in Sachen Demokratie auch eine willkommene Gelegenheit, die unbekannten Wesen des anderen Geschlechts kennen zu lernen.

Ein besonderer Höhepunkt im Schuljahr ist der einwöchige Aufenthalt im Landschulheim Kükenbruch, 40 Kilometer entfernt von Detmold. Die *Begegnung mit der Natur* und das *Fördern der Klassengemeinschaft*, so heißt es, seien neben dem morgendlichen Unterricht pädagogischer Sinn und Zweck der Woche.

Das Landschulheim, ein ehemaliges Vorwerk von Gut Rohbraken, ist ein Anwesen mit einem großen Fachwerkhaus, mehreren Nebengebäuden, ehemaligen Stallungen, einem Garten und einem weiträumigen Park. Mit einem Bus passieren wir das große Eingangstor und fahren unter Kastanienbäumen entlang zum Hauptgebäude. Ein Staketenzaun trennt den Vorgarten von dem großen Vorplatz. Wenige Steinstufen führen durch eine hölzerne Eingangstür in das Fachwerkhaus, unser Heim für eine Woche.

Im Untergeschoss liegen die Gemeinschaftsräume, die Wirtschaftsräume und die Küche. In den Schlafräumen im Obergeschoss schlafen jeweils sechs oder acht Mädchen in Etagenbetten. Der gemeinsame Waschraum liegt in einem Nebengebäude aus Bruchsteinen, ehemals Wirtschaftsräume für den Hofbetrieb. Kalt ist es hier. Lediglich der große Wasserkessel, ein Manteltopf, unter dem täglich die Schülerinnen ein Holzfeuer entzünden, erwärmt den Raum. Mit großen Schöpfkellen füllen wir das heiße Wasser in Emailleschüsseln und waschen uns. Die Duschen sind an die Wasserleitung angeschlossen, geben aber nur kaltes Wasser.

Wer ist mutig und benutzt die kalte Dusche? Wer traut sich, nackt vor aller Augen zu sein? Wir johlen ausgelassen während der gemeinsamen Waschstunden, um unsere Scham zu überspielen. Da kann die Lehreraufsicht noch so energisch um Ruhe bitten.

Morgendlicher Unterricht, anfallende Küchen-, Garten- und Hausarbeiten, Versorgen der Enten, Gänse und Hühner, Wanderungen in die nähere Umgebung, Erlebnisspiele, Theater- und Singstunden: die Tage sind angefüllt mit Lehrstoff und gemeinsam geplanten Unternehmungen. *Fischbeck* ist nicht weit entfernt von Kükenbruch. Mehrfach besuchen wir den kleinen Ort und das gleichnamige Kloster mit seinem berühmten *Fischbecker Wandteppich*. Nach dem gleichnamigen Stück von Manfred Hausmann entwickeln wir ein Theaterprojekt, eine willkommene Arbeit während der Landschulheimwoche.

Höhepunkt unseres Aufenthaltes ist ein Lagerfeuer im Park. Wir backen Kartoffeln im Feuer, singen Fahrtenlieder.

Einige Mitschülerinnen gehören zu den Pfadfindern. Sie sind die mutigen, starken Mädchen der Klasse. Sie haben neue Lieder mitgebracht:

Wenn die bunten Fahnen wehen,
geht die Fahrt wohl übers Meer
Woll'n wir ferne Lande sehen,
fällt der Abschied uns nicht schwer.
Leuchtet die Sonne, ziehen die Wolken,
klingen die Lieder weit über's Meer.

Märkische Heide, märkischer Sand
Sind des Märkers Freude
Sind sein Heimatland.
Steige hoch du roter Adler
Hoch über Sumpf und Sand

Hoch über dunkle tiefe Wälder
Heil dir mein Brandenburger Land.

Aus grauer Städte Mauern
Zieh'n wir durch Wald und Feld.
Wer bleibt, der mag versauern,
wir fahren in die Welt
Halihalo wir fahren, wir fahren in die Welt...

Die blauen Dragoner sie reiten
Mit klingendem Spiel durch das Tor
Fanfaren sie begleiten
Hell zu den Hügeln empor.

Das sind Lieder! Diese Melodien mit ihren Signaltönen und dem stolzen Marschrhythmus gehen unter die Haut. Begeistert schmettern wir sie und reihen sie in unsere Textsammlung ein.
Geht das Lagerfeuer seinem Ende zu, erklingen melancholische und romantische Gesänge.
Eine unbekannte Sehnsucht hüllt uns in eine Wolke von Gefühlen, wenn wir das Lied vom König und seinem Reiterbuben singen.

Jenseits des Tales standen ihre Zelte
Zum hohen Abendhimmel quoll der Rauch
das war ein Singen in dem ganzen Heere
und ihre Reiterbuben sangen auch.

Sie putzten klirrend am Geschirr der Pferde
Her tänzelte die Marketenderin

Und unterm Singen sprach der Knaben einer
„Mädchen du weißt's. Wo ging der König hin?"

Diesseits des Tales stand der junge König
Und griff die feuchte Erde aus dem Grund
Sie kühlte nicht die Glut der heißen Stirne
Sie machte nicht sein krankes Herz gesund.

Ihn hielten nur zwei jugendfrische Wangen
Und nur ein Mund, den er sich selbst verbot
Noch fester schloss der König seine Lippen
Und sah hinüber in das Abendrot.

Jenseits des Tales standen ihre Zelte
Vorm roten Abendhimmel quoll der Rauch
Und war ein Lachen in dem ganzen Heere
Und jener Reiterbube lachte auch.

Den Liedtext verstehen wir nicht, doch *ein hoher Abendhimmel, Zelte in einem Tal, Pferde, ein Reiterbube, ein krankes Herz, ein junger König* und *Abendrot,* davon zu singen, bewegt unsere Herzen. Die einfache Melodie steigt aus der Tiefe in klare Höhen, fällt zurück, steigt noch einmal empor, versinkt. Und die Zweitstimme, die wir in frei gefundenen Intervallen hinzusingen, unterstreicht gefühlvoll unser Mitleiden.

Wir Mädchen in Röcken und mit Zöpfen entzünden Fackeln, schwingen Bänder und schreiten singend um die Feuerstelle. „Wir gehören zusammen." Ein großes Gefühl, gemischt aus Freude, Stärke, Stolz und Melancholie stellt sich ein. Warum schüttelt unsere Lehrerin, Fräulein Haupt, den Kopf, wenn wir diese Lieder mit besonderer Inbrunst singen?

Erst viele Jahre später, beim Betrachten der Fotos, sehe ich die große Nähe der Lagerfeuerromantik zu den *BDM*-Veranstaltungen der nationalsozialistischen Zeit, die noch nicht lange vorüber ist.

Einbauküche

Geh'n Sie mit der Konjunktur! Mutter geht mit.

Woher weiß Mutter von dem neuen Küchentrend? Vaters Idee ist es nicht, die Wohnküche umzugestalten! Seit Wochen ist Mutter voller freudiger Unruhe. Sie plant eine *Einbauküche.* Das ist jetzt modern. Möbelfirmen bieten fertige Elemente mit einheitlichem Aussehen an. Sie sind platzsparend und rückenschonend. Ausgestattet mit einer schmutzabweisenden Beschichtung der Oberflächen sind sie besonders pflegeleicht und schick dazu. *Resopal* heißt das neue Material. Die Ratgeberzeitungen preisen es in den höchsten Tönen, und die Lockrufe bleiben nicht ungehört. Auch Mutter geht mit dem Trend der Zeit. Sie möchte das kleine Bad neben der Wohnküche zur Einbauküche umgestalten. Doch Mutter bestellt keine fertigen Elemente. Sie will Geld sparen. Unser Nachbar, Tischler Möller, kommt und nimmt Maß. Wo können die Unterschränke stehen, die Hängeschränke hängen? Es muss Platz für den Gasherd und die Propangasflasche bleiben. Wo liegt der Wasseranschluss, und wie kann das Spülbecken eingebaut werden? Mutter und Vater überlegen genau. Die Farbwahl der Resopalflächen ist von besonderer Bedeutung. Die Palette der zarten Pastelltöne ist groß, und die Wahl fällt schwer. Schließlich entscheidet man sich für samtweiches Gelb im Wechsel mit einem zarten Rosa für die Frontansicht, ein helles Grau bekommen die Arbeitsflächen. Nach ein paar Wochen haben die Handwerker die neuen Schränke und Geräte eingebaut.

Versteckt hinter den Resopaltüren der Schränke stehen und liegen die alten Küchengeräte.
Eine Anschaffung von besonderer Tragweite ist der Kühlschrank, Marke Bosch. Zwar ist er in seiner weißen Kastenform mit der bauchigen Tür keine Schönheit zwischen den neuen, zartfarbigen Schränken, doch mit ihm verändern sich viele Tätigkeiten im Haushalt. Der Kühlschrank kühlt immer, auch im Sommer. Der Keller ist nicht länger der einzige Ort, um Lebensmittel frisch zu halten. Sogar wir Kinder freuen uns darüber. Wie oft mussten wir treppauf, treppab laufen, um Lebensmittel in einen kühlen, dunklen Kellerraum zu tragen und sie zu den Mahlzeiten zurückholen. Die Vorratshaltung verändert sich. Ein wenig. Gemüse und Obst aus dem Garten will Mutter, wie eh und je, in Gläsern einkochen.

In der neuen Kochnische erinnert nichts an die alte Wohnküche. Lediglich der hölzerne Handtuchhalter mit seinem spitzenbesetzten Vorhang und einem liebevollen Küchenspruch ist hinüber gerettet. „*Gieß Wasser zur Suppe, heiß alle willkommen*“, verkünden blaue Kreuzstiche auf dem weißen Behang.
Mutter muss in der modernen Kochzelle von nun an alle Arbeiten stehend verrichten. Es ist eng, der Raum reicht nur für zwei Personen. Und die neue Beschichtung? Vorsicht ist geboten, denn sie hält nicht, was die Reklame verspricht. Heiße Töpfe, Metall und scharfe Kanten an Gegenständen hinterlassen Brand- oder Kratzspuren.
Doch Mutter freut sich über den Umbau. Die Kochdünste sind aus dem Essraum verbannt. Sie muss nicht jeden Morgen den Kohleherd mit Holz, Kohle und Briketts bestücken, kann auf einer gleichmäßigen Gasflamme kochen, und die Reinigung des Herdes macht nicht viel Aufwand. Wie mühsam war es, gleichmäßige Hitze auf der Herdplatte zu halten,

und wie einfach ist es, eine Gasflamme mit einem Drehknopf ein und aus, groß oder klein zu stellen. Die Lieferung einer Propangasflasche geschieht auf Bestellung.
Die ehemalige große Wohnküche ist nun das Esszimmer. Um den Raum ohne Kochherd zu beheizen, wird ein brauner Kohleofen aufgestellt und mit Eierbrikett bestückt, so wie in den Häusern ohne Zentralheizung üblich. Für die nächsten Jahre ist der Einbau eines Kachelofens geplant. Das Radio, das gemütliche Sofa, der weiß lackierte Küchenschrank für das Geschirr und der Küchentisch mit seinen vier Stühlen bleiben an ihren Plätzen. So ist dieser Raum nach wie vor der Mittelpunkt des Familienalltags.
Am Mittag, wenn Vater vom Dienst aus der Stadt zur einstündigen Mittagspause nach Hause kommt, finden hier die gemeinsamen Mahlzeiten statt. Im Sofa hält Mutter anschließend ihren Mittagsschlaf, während wir Kinder am großen Küchentisch sitzen und unsere Hausaufgaben erledigen.

Auch am Abend versammelt sich die Familie im Essraum. Nach gemeinsamer Mahlzeit reißt Mutter vom *Neukirchener Kalender* das Tagesblättchen ab und reicht es Vater. Wortlos nimmt er es entgegen und liest laut mit ernster Miene die Tageslosung. Das ist ein Bibelvers mit Kurzauslegung. Auf der Rückseite des Blättchens steht eine Geschichte, die ist *aus dem Leben gegriffen*, passend zum Bibelvers. Mutter hört gut zu, so sieht es aus. Vaters Gesicht ist sehr ernst, doch seine Gedanken können wir nicht erraten.
Mutter holt Flick- oder Näharbeiten hervor. Sie hat noch zu tun. Vater setzt sich an seinen Schreibtisch in der Guten Stube, rechnet und schreibt in schwarz beschrifteten Aktenordnern, oder er liest in seinen Büchern für Erwachsene. *Soweit die Füße tragen* ist nichts für Kinder. Manchmal verwandelt Vater sich. Dann dichtet er. Gelegenheitsdichtungen für Familienfeiern. Und an manchen Abenden wird

Vater zum Vorleser. Er setzt sich zu uns an den Küchentisch, zieht die Pendellampe tief herunter, rückt seine dunkle Brille zurecht und zaubert eine heitere Welt mit den Geschichten von Peter Rosegger, Manfred Hausmann, Erich Kästner oder Heinrich Seidel in unseren Alltag. Mit vergnügter Stimme, mal leise schmunzelnd, mal unter lautem Lachen, liest er uns Kindern von dem *Waldbauernbuben*, von *Martin,* vom *doppelten Lottchen*, von den *Drei Männern im Schnee,* von *Leberecht Hühnchen* vor. Das sind Geschichten nach Vaters Geschmack. Er sagt, er hat sie für uns ausgesucht. Vielleicht aber auch ein bisschen für sich?

Die Kreissparkasse Detmold ist Vaters Arbeitsstelle. Dort geht es um Geldgeschäfte. Am Weltspartag tragen wir Kinder unsere Spardosen in das prächtige Gebäude am Kaiser-Wilhelm-Platz. In der großen Eingangshalle mit den vielen Schaltern suche ich nach dem Schild *Einzahlungen.* Einem Herrn in dunklem Anzug reiche ich meine schwarze, eiserne Geldkassette mit dem silbernen Tragegriff und der Aufschrift *Kreissparkasse Detmold.* Sie ist verschlossen. Den Schlüssel dazu hat der Beamte. Er öffnet meine Sparbüchse, zählt die Geldstücke und trägt die Summe in mein Sparbuch ein.
Mein Geldgeschäft ist erledigt. Jetzt besuche ich Vater in der Kreditabteilung. Dunkle Flure, hohe Türen mit Namensschildern, Männer und Frauen mit Akten unterm Arm. Stille. Nur das Klappern oder leise Knirschen der Schuhe auf den glatten Fliesen der langen Gänge. Ich suche Vater. Endlich ein Türschild mit seinem Namen.
Er sitzt in einem hohen Raum. Große, hölzerne Rollschränke und offene Regale verdecken die Wände. Vor einem schweren, dunklen Schreibtisch neben einem schmalen Fenster steht sein Drehstuhl mit ledernem Sitz. Er trägt einen Glencheck-Anzug und ein weißes Hemd mit Krawatte. An einem

Kleiderständer hängen Vaters Mantel und sein grauer Hut. Er ist allein.
Vater freut sich, mich zu sehen. Wir reden ein paar Worte. Belangloses. Vater begleitet mich zurück, steif grüßt er nach rechts und links, schreitet mit etwas zu großen Schritten durch das Gebäude. Ernst und unnahbar ist der Kreditsachbearbeiter. So fremd. Meinen richtigen Vater entdecke ich hier nicht. Zu Hause ist das anders. Da glänzen seine Augen.

Es gibt Tage und Wochen im Jahr, an denen zieht ein dunkler Schatten über unsere Familie. Vaters Seele gerät aus dem Gleichgewicht. Er will nicht mehr leben. *Depression* nennt unser Hausarzt die große Traurigkeit, die sich seiner bemächtigt und uns mit in ihren Strudel zieht. Vater geht nicht zur Arbeit, er liegt im Bett. Er weint. Er kann nicht mit uns reden. Wortlos ist auch Mutter. Sie sorgt im Haus und Garten, sitzt neben Vater, wartet hilflos auf Besserung. Sie hat niemanden, mit dem sie ihre Sorge teilen kann. Fragt man nach Vaters Krankheit, ist eine seltsame Verschwiegenheit angesagt. Wird sonst jeder Hals- und Bauchschmerz von allen Seiten betrachtet, beurteilt und mit guten Ratschlägen versehen, bei Vaters Krankheit ist das anders. Daran darf man nicht rühren. Angst und Beklemmung erfüllen das Haus, bis endlich nach ein paar Wochen der schwarze Dämon wieder verschwunden ist. Gott sei Dank.

Meine Patentante Hanne ist nicht verheiratet. Sie ist eine berufstätige Frau. Seit Kriegsende arbeitet sie 48 Stunden wöchentlich im Bügel- und Heißmangelraum des Detmolder Krankenhauses, ehemals Lazarett. Täglich fährt sie mit dem Bus in aller Frühe zu ihrem Arbeitsplatz. Sie steht zusammen mit anderen Frauen, wie sie unverheiratet oder verwitwet, Tag für Tag vor der rotierenden Heißmangel in

der dunstigen Halle zwischen feuchten Bettlaken, Bettbezügen und anderen Wäschestücken. Ihr kleines Gesicht ist vom heißen Dampf gerötet, wenn sie zusammen mit einer Kollegin ein Wäschestück nach dem anderen unter die Walze legt und glatt zieht.
Manchmal besuche ich sie nach der Schule an ihrem Arbeitsplatz, dann darf ich ihr zur Hand gehen. Ich halte das riesige Laken an einem Ende fest und schiebe es im Gleichklang mit ihr unter die rotierende Bügelrolle. Langsam verschwindet das Stück, um im nächsten Augenblick in wunderbarer Glätte auf der anderen Seite des Tisches als strahlend weiße Stoffbahn zu erscheinen. Im Tempo der Walze nehmen wir das Wäschestück langsam vom Mangeltisch, erst ein Zipfel, dann zwei, legen Kante auf Kante, bilden Kniffe, falten einmal und noch einmal, streichen glatt. Schließlich liegt das große Laken als sorgfältig geformtes Päckchen vor uns. Wir nehmen noch ein Wäschestück, vielleicht noch eins. Dann gehe ich nach Hause. Tante Hanne nicht. Sie steht tagein, tagaus, sechs mal in der Woche an ihrem Platz an der Wäschemangel.
„Meine Beine schmerzen", sagt sie abends zu meiner Mutter.
„Aber du hast abends frei", sagt Mutter, „ich muss dann für meine sechsköpfige Familie nähen und stopfen und flicken."

Tante Hannes Schwestern und Schwägerinnen sind nicht berufstätig. Sie versorgen Kinder und Haushalt. Das ist selbstverständlich. Berufstätigsein ist eine Sache für eine unverheiratete Frau, deshalb geht Hanne arbeiten. Es muss sein. Wie gern wäre auch sie verheiratet. Wie gern hätte sie eine eigene Wohnung! Noch immer lebt sie in einem kleinen Zimmer bei ihren Eltern. Man braucht sie, auch in den Familien ihrer Geschwister. Sie ist die gern gesehene Tante für alles.
Doch Hannes Traum sieht anders aus. Beinahe 50 Jahre alt ist sie, und immer noch wartet sie auf das große Glück.

Als in meinem Elternhaus die Mietwohnung im Obergeschoss frei wird, sieht Tante Hanne zum ersten Mal die Möglichkeit, ein kleines Zimmer ihr eigen zu nennen. Sie wird zwar nicht einziehen, sie will ihre alten Eltern nicht verlassen, doch die Anschaffung eigener Möbel wäre wunderbar. Auf ihrem Sparbuch hat sich ein kleiner Betrag angesammelt. Tante Hanne bestellt Möbel. Als sie geliefert werden, staunen wir. Es ist ein Schlafzimmer, Buche Furnier. Dazu gehört ein Kleiderschrank, eine Frisierkommode und ein Ehebett mit zwei passenden Nachtschränkchen.
Tante Hanne schläft nicht in dem Ehebett. Sie pflegt die Möbel. Einmal in der Woche wischt sie Staub und streicht liebevoll über die neu erworbenen Kostbarkeiten. Die stehen da und warten. Hanne wartet auch.
Wer kann schon ahnen, dass dieses Ehebett aus den 50er Jahren ein viertel Jahrhundert später endlich seine Bestimmung finden wird? In ihrem 75. Lebensjahr zieht Walter, ein 74jähriger Witwer zu Tante Hanne. Ihre erste und letzte große Liebe begleitet sie bis zu ihrem Tod in ihrem 92. Lebensjahr.

„Ich mache eine **Fahrt nach Italien**!" Aufgeregt verkündet Hanne an einem späten Feierabend die ungeheure Neuigkeit. Eine Fahrt nach Italien! Man hat zwar schon im Dorf von solchen verrückten Fahrten gehört, doch dass Tante Hanne...!
Ich weiß nur wenig von Italien. *Non sputare della carossa* habe ich in den Eisenbahnzügen gelesen. Das ist Italienisch. In deutscher Sprache steht darüber *Nicht aus dem Wagen spucken*.
Seit kurzem gibt es allerdings auch italienische Arbeiter in Deutschland. *Gastarbeiter* steht in der Zeitung. Auf den Fotos sieht man kleine, schwarzhaarige Männer, die im Straßenbau arbeiten. Es heißt, sie pfeifen den Frauen und

Mädchen nach, und sie können singen. Ja, singen können sie! Doch sie sind Fremde. *Fremdarbeiter!* Gehören nicht zu uns.
Aber das Traumland Italien, das kennen wir aus dem Radio, und es ist uns bestens vertraut. Die Schlager besingen Sonne und Meer und die Liebe in *bella Italia*! Sie lassen warme Gefühle voller Sehnsucht nach dem Schönen und Großen aufkeimen. Italien ist das Land unserer Sehnsucht.

Wenn bei Capri die rote Sonne im Meer versinkt
Und vom Himmel die rote Sichel des Mondes blinkt,
zieh'n die Fischer mit ihren Booten aufs Meer hinaus,
und sie legen in weitem Bogen die Netze aus.
Nur die Sterne, sie zeigen ihnen am Firmament
Ihren Weg mit den Bildern, die jeder Fischer kennt.
Und von Boot zu Boot das alte Lied erklingt,
hör von fern, wie es singt:

Bella, bella, bella Marie, bleib mir treu,
ich komm zurück morgen früh,
bella, bella, bella Marie,
vergiss mich nie.

Nun will unsere Tante Hanne eine Fahrt in dieses Land machen, ein Land voller Schönheiten, voller Liebe und Gesang. Ein Busunternehmen aus dem Nachbarort bietet Pauschalreisen nach Oberitalien an. Zusammen mit einigen Frauen ihrer Arbeitsstelle fährt Hanne per Bus über die Alpen in die unbekannte Ferne.
Nach einer Woche kommt sie zurück. Seit diesem Tag hängt in ihrem Zimmer eine bastumwickelte Chianti-Weinflasche.

Im Dorf herrscht seit einiger Zeit rege **Bautätigkeit.** Der Osthang des Schwesternberges, unsere geliebte Schlittenwiese, wird bebaut. Sie muss Einfamilienhäusern weichen.
Die Bauherren, zumeist selbst Handwerker aus dem Dorf und nicht gerade vermögend, packen an. Frauen, Kinder, Freunde und Nachbarn sind zur Stelle. Mit viel Fleiß und Ausdauer wachsen die Eigenheime in der neuen Siedlung. Zweigeschossige Backsteinbauten, kleine Zimmer und Flure, spitzes Dach. Ein Häuschen mit Garten entsteht. So ist es im Ort üblich.
Auch der Westhang, ehemals Gelände eines Wochenendheims für diakonische Schwestern, wird als Baugelände freigegeben. Hier bauen Zugezogene, Fremde. Ihre Neubauten sind anders, ein wenig sonderbar. Die Dorfbewohner wundern sich. So etwas gab es bisher nicht.
Einer der Neubauten erregt die besondere Aufmerksamkeit. „Lass uns mal vorbeigehen!" Der abendliche oder sonntägliche Spaziergang führt direkt zu besagtem Bau. Ist es ein Fertigbau? Ungewohnter Zuschnitt, merkwürdige Dachform und so viel Holz! Und die Krönung des Ganzen: Weithin sichtbar ziert ein ausladendes Hirschgeweih die Frontseite des Hauses. Die Vorübergehenden schütteln den Kopf und lachen.
Doch die Verwunderung weicht einer Mischung aus Achtung und Angst, als man erfährt, dass der Bauherr ein Zahnarzt ist. Er will hier eine Praxis eröffnen. *Dentist* steht bald in großen Buchstaben auf dem Schild unter dem gewaltigen Geweih eines toten Hirsches.
Der erste Zahnarzt im Dorf. Ist es eine gute Nachricht? Wie ein Lauffeuer hat es sich herumgesprochen. Bisher suchte man in dringenden Fällen einen Zahnarzt in der Stadt auf, doch nur wenige Dorfbewohner kennen regelmäßige Zahnkontrollen, und mit der Zahnpflege nimmt man es nicht so genau.

„Da kriegt ihr mich nicht hin", verkündet Großvater. Obwohl er nur noch wenige Zähne sein eigen nennt, hat er in seinem langen Leben noch niemals einen Zahnarzt aufgesucht. „Wenn alle raus sind, tut nichts mehr weh", verkündet er, wenn er wieder einmal unter starken Schmerzen leidet. „Dickkopf", murmelt Hanne, seine Tochter, und legt ihm einen kühlen Quarkwickel auf das geschwollene Gesicht.
Hanne ist beinahe 50 Jahre alt. Sie will den neuen Zahnarzt aufsuchen. Sie hat schon einige Zähne verloren und sorgt sich um ihr Gebiss. Es hat sich herumgesprochen, dass es Zahnersatz gibt. *Brücke* nennt man so etwas. „Das wünsch ich mir!" Nach ihrem ersten Arztbesuch ist Hanne unsicher: „Ich glaube, er will mir ein künstliches Gebiss machen", argwöhnt sie, und Angst steht in ihren Augen.
Einige Zeit später besuche ich meine Patin Hanne. Sie liegt im Bett. Ihr kleiner Kopf ist unter einem Tuch verschwunden. Ich sehe sie nicht. Ich höre ihr Wimmern. Ich beuge mich zu ihr hinunter. Leise und kaum verständlich kommt aus ihrem gequälten Mund: „Alle Zähne! Alle Zähne hat er heute morgen gezogen. Der ganze Oberkiefer."
Nach einer Woche bekommt Hanne ein Gebiss. Herausnehmbar. Pflegeleicht. Zähne aufgereiht wie Perlen an einer Schnur. Fremdes sitzt in Hannes vertrautem Gesicht.

Sommerküche

„Es darf nichts umkommen." Die Frauen und Männer im Dorf sind trotz des Wirtschaftswunders sparsame Leute. Lebensmittel, aber auch alle Gegenstände werden auf ihre Verwendung hin geprüft, bevor sie auf dem Kompost, beim Altwarenhändler oder auf dem Sperrmüll landen. Eine regelmäßige Müllabfuhr gibt es nicht.
Auch Mutter und Vater sind sparsame Leute. Der Kauf neuer Möbel will gut überlegt sein. Der Küchenumbau gestaltet

sich besonders schwierig. „Was machen wir nur mit dem alten Herd? Der ist noch so gut, ich kann ihn doch nicht weggeben!" Mutter will trotz des neuen Gasherdes den alten Kohleherd weiter verwenden. Aber wo, und wie? Schließlich weiß man die Lösung. Zwei starke Männer tragen das schwere Gerät in die Waschküche. Dort warten schon ein kleiner Tisch und ein Schrank, die ebenfalls wegen Neuanschaffungen den Weg hinunter in den Keller gehen mussten. Mutter macht aus der Waschküche eine zusätzliche Küche, eine Sommerküche für die Vorratshaltung. Da braucht man die alten Möbel. Der alte Schrank wird wie neu durch *Decifix,* das ist eine abwaschbare Folie zum Aufkleben. Die Drogerie im Dorf bietet sie in Rollen unterschiedlicher Größen und Muster an. Den alten Tisch bedeckt Mutter mit einem bunten Wachstuch, ebenfalls abwaschbar, und die Wand hinter dem Herd streicht sie mit Elefantenhaut, das ist ein Klarlack. Natürlich abwaschbar. Von nun an weckt Mutter in der Erntezeit in einer *ordentlichen* Kellerküche Gemüse und Obst ein. Die Einmachgläser stehen auf sauber beklebten Schrankböden, und Spritzer an der Wand können nach dem Kochen leicht mit ATA oder IMI entfernt werden. Mutter hat es gern sauber und ordentlich, so wie es von einer guten Hausfrau verlangt wird. Meistens trägt Mutter während der Hausarbeit eine geblümte Kittelschürze. Das ist ein viel geliebtes Kleidungsstück der Frauen im Dorf. Der ärmellose Kleiderschnitt, vorn ganz durchgeknöpft, ermöglicht leichtes Hineinschlüpfen, schützt die Kleidung darunter, und dient als luftiges Kleidungsstück, wenn die Temperaturen am Herd steigen.

Neben den Gebrauchtmöbeln steht eine Neuanschaffung von besonderer Bedeutung in der Wasch- und Sommerküche. Es ist eine elektrische Waschmaschine von Miele, der Traum jeder Hausfrau. Denn sie wäscht Koch- und Buntwäsche perfekt. In einem Holzbottich, auf vier kleinen Metallbeinen stehend, bewegt ein Rührflügel die Wäsche in heißem Wasser so lange hin und her, bis aller Schmutz verschwunden ist. Kein Einweichen und Stampfen und Kneten und Rühren mehr. Das Auswringen übernimmt eine Extraschleuder. Das ist eine Metalltrommel in einem Emaillebottich, die in zahllosen Umdrehungen das Wasser aus der Wäsche schleudert. Mit viel Lärm tanzt sie während ihrer Tätigkeit durch die Waschküche und ergießt das Wasser über den Betonboden in einen Ausguss. Mutter ist glücklich. Jetzt kann sie den neuen Hygienevorstellungen der Zeit gerecht werden. *„Für dich wasch ich perfekt"* verkündet der Waschmittelhersteller *Wipp,* und Mutter glaubt ihm. Sie benutzt *Wipp* für die Wäsche in der neuen Waschmaschine.

Bausparvertrag

Seit ich denken kann, fährt Vater zur Kreissparkasse in die nahe gelegene Stadt zum Dienst. Von der *Lippischen Spar- und Leihekasse* spricht Vater, wenn er genau ist und von seiner Arbeit berichtet. Nach Dienstschluss kommen oft Bekannte und Verwandte in unsere Wohnküche, um mit ihm über einen Bausparvertrag zu reden. Vater erklärt, diskutiert, rechnet und legt schließlich einen Vorschlag auf den Tisch. „Ja, soviel kann ich jeden Monat sparen. Ich komme und schließe den Vertrag ab." Vater berät in Sachen Sparen. Viele Dorfbewohner wollen ihre Altbauten sanieren, umbauen oder einen Anbau finanzieren. Da muss gespart werden, und der Staat hilft mit beim *Bausparen.*

Auch bei uns wird für einen kleinen Umbau gespart. Als unsere Mieter ausziehen, verkündet Vater: „Unser Bausparvertrag ist reif, es kann losgehen." Ein zweites Wohnzimmer ist geplant. Das elterliche Schlafzimmer wird in die obere Etage verlegt und der freie Raum zum zweiten Wohnzimmer zwischen *Wohn-Esszimmer* und *Guter Stube.*

Die Frau und ihre Wohnung heißt eine Fibel für Hauswirtschaft. Hat Mutter die Zeitschrift gelesen? Woher kennt sie die neuen Wohntrends? Das zweite Wohnzimmer soll modern eingerichtet werden, und was modern ist, weiß Mutter.
Der neue Raum bekommt eine helle Tapete mit einem Muster aus weichen Linien und zartfarbigen, freien Formen. Dazu passende Gardinen, pflegeleicht, mit geschwungenen, asymmetrischen Formen auf pastellfarbenen Farbflächen. Die Bücher werden in einem Stringregal, eine Neuerung auf dem Möbelmarkt, untergebracht. Es besteht aus zwei leiterähnlichen metallenen Seitenteilen, in die man Regalböden einhängen kann. In einer Tischlerei im Nachbardorf lassen unsere Eltern einen kleinen, mannshohen Schrank aus hellem Holz anfertigen, Hartfaserplatten furniert. Er bekommt im oberen Teil hinter einer gläsernen Schiebetür zwei gläserne Einlegeböden für die neu erstandenen Weingläser, den Salzstangenhalter, die Etagere und anderen *Schnickschnack*, wie Vater es nennt.
Das Möbelgeschäft in der Stadt liefert schließlich zwei Sessel. Das sind leichte Polsterschalen auf zarten Rundholzbeinen. Cocktailsessel heißen sie, weiß Mutter. Liebevoll streicht sie über den rosenholzfarbenen Perlonplüschbezug.

„Nun brauchen wir noch einen Nierentisch." Mutter bittet mich, eine Zeichnung zu machen. Ich habe in Kunst eine eins. Und schließlich weiß doch jeder, wie solch ein moderner Tisch auszusehen hat. Gemeinsam mit Geschwistern und Eltern versuche ich, eine weich geschwungene Form auf ein Stück braunes Packpapier aufzuzeichnen. Als schließlich der Entwurf von der Familie genehmigt ist, geht ein Auftrag an die Tischlerei. Nach ein paar Wochen steht der neue Tisch im neuen Wohnzimmer. Wie auf Zehenspitzen schweben seine drei schräg gestellten Rundholzbeine auf dem Teppich.

Zwar ähnelt die dunkel marmorierte Tischplatte eher einem angerundeten Dreieck als einer Nierenform, doch das neue Möbelstück gefällt. Ein schmales, golden glänzendes Messingband, mit kleinen Stiften am Rand der resopalbeschichteten Platte befestigt, schmückt und lässt die Schnittkanten der Hartfaserplatte verschwinden. Mutter freut sich. Sie stellt eine Vase mit einer roten Nelke auf den Tisch. Vater lacht: „Und das soll modern sein?!“ Die schlanke Vase hat einen einseitig vorgewölbten Bauch. *Schwangere Luise* nennt man sie, und sie ist für Orchideen gemacht. „Aber Nelke geht auch“, meint Mutter.

Nun noch die Anschaffung einer neuen Lampe. Eine Stehlampe muss es sein, denn die lässt sich bei Bedarf jederzeit leicht an einen anderen Platz räumen. Das Leuchtengeschäft *Lampe* in der Stadt bietet eine reiche Auswahl neuer Modelle. Zwei- oder dreiarmige aus Messing oder Holz sind der letzte Schrei. Die dazugehörigen Lampenschirme in Tulpen- oder Lilienform, mal aus ölpapierähnlichem Material, mal aus bastumwickelter Pappe, mal aus Glas, gibt es in verschiedenen Pastelltönen.

Nach langem Suchen entscheidet sich Mutter für eine dreiarmige Stehlampe mit tütenförmigen Ölpapierschirmchen in Zartrosa. Sie sind mit einem goldfarbenen Zierband versehen und wachsen wie Blüten an drei biegsamen Messingarmen hervor.

Als letzter Kauf für die moderne Einrichtung nun noch eine moderne Zimmerpflanze: ein Gummibaum. In der Ecke zwischen den beiden Fenstern nimmt er Platz. Seine hochglänzenden Blätter müssen einmal wöchentlich mit einem weichen Lappen abgestaubt werden. Pflegeleicht, so wie alles Moderne im Haus.

„Jetzt reicht es mit den Neuanschaffungen!“ Vater sind die vielen Überlegungen lästig. Er möchte endlich den neuen Raum genießen.

Raucherecke

Von nun an sitzt die Familie abends und an den Wochenenden im zweiten Wohnzimmer. Was ist das für ein Raum im Gegensatz zu der *Guten Stube* mit seinen schweren, dunklen Möbeln und den Brokatgardinen in gedeckten Farben! Leicht und hell kommt er daher und verbreitet eine fröhliche Atmosphäre. Oder ist es Vater, der mit seiner neuen Zeremonie gute Stimmung in die Sonntagnachmittage zaubert? Vater raucht seit Kurzem Zigarren. *Eine* jeden Sonntag! Er sitzt nicht in einem der neuen Cocktailsessel. Vater bevorzugt den alten, abgewetzten Sessel, ein Erbstück von Tante Rieke.

Vor ihm, auf einem niedrigen Rauchertischchen, steht ein nagelneues, dreiteiliges Raucherservice, ein Geburtstagsgeschenk für Vater. Zigarrenkiste, Aschenbecher, Feuerzeug. Purer Luxus! Mutter hat es im frisch eröffneten Haushaltswarengeschäft des Dorfes gekauft.

Behutsam öffnet Vater die Zigarrenkiste und greift zu dem kleinen, braunen *Zeppelin*. Er rollt die Zigarre zwischen Daumen und Zeigefinger, ertastet vorsichtig ihre Qualität und betrachtet die prächtige Bauchbinde. „Das ist heute eine Havanna", verkündet Vater und weist auf das prächtige Siegel der Banderole. Jetzt kommt der Anschnitt. Mit einem speziellen Zigarrenschneider wird ein Loch in den Zigarrenkopf geschnitten. Vater ist sehr sorgfältig, das Deckblatt darf nicht verletzt werden. Er führt die Zigarre zur Nase, schnuppert, befeuchtet den Zigarrenkopf mit seinen Lippen und testet mit einem Luftzug den Anschnitt. Zum Anzünden hält mein kleiner Bruder das Feuerzeug, und Vater dreht das Fußende der Zigarre so lange in der Flamme, bis ein leichter, grauer Aschering entsteht. Vater schmunzelt, lehnt sich zurück in den Sessel und tut den ersten Zug. „Das ist ein Aroma!" Vater genießt. Er zieht warmen Rauch in seinen Mund und bläst ihn behutsam als weiße Wölkchen in die

Runde. Manchmal schwebt der Rauch in gekonnten Ringen über seinem Kopf. Großartig!
Langsam frisst sich die Glut vorwärts. Vater klopft vorsichtig mit dem Zeigefinger auf seine Zigarre, und die federleichte Asche fällt in den neuen Aschenbecher. Der ist mit einer erstaunlichen Technik ausgestattet. Durch einen kräftigen Schlag auf den Stab in der Mitte des modernen Gerätes schieben sich zwei metallene Deckel auseinander und schleudern die warme Asche in das Gefäßinnere, um sich sekundenschnell über dem Abfall wieder zu schließen. Wer darf den Schleuderschlag tun? Meine Brüder wechseln sich ab, es muss schließlich gerecht zugehen. „Kalte Asche stinkt", sagt Mutter und freut sich über die neue Technik.
Hin und wieder legt Vater die Zigarre auf den Aschenbecher. Dann glimmt sie leise vor sich hin. Vater macht Pause. Nach einer Stunde oder mehr ist die genüssliche Zeremonie beendet. Der letzte Zug ist getan, und langsam verglüht ein kurzer Stumpen im Aschenbecher. Vaters Sonntagszigarre ist nicht mehr.

Die Sonntagsgespräche in unserem neuen Wohnzimmer sind leicht und freundlich geworden, so wie die neuen Möbel. Der junge Onkel spricht viel von seinem neuen Motorrad, nicht von seinen Kriegserlebnissen. Die Familienväter haben Arbeit gefunden, können Frauen und Kinder ernähren und neue Möbel und Kleidung kaufen. Doch ein eigenes Auto muss vorerst ein Traum bleiben. Schließlich ist der monatliche Verdienst gering. „Das Durchschnittseinkommen beträgt 300 Mark, und ein VW kostet 3500", weiß Onkel Helmut.
Das sind die Gesprächsthemen am Sonntag. Von dem heimlichen Schmerz um die Kriegstoten und Vermissten der Familien spricht man nicht. Man hat seit Langem gelernt, Gefühle zu verbergen.

Die Ängste vor einem neuen Krieg sind verschwunden. Der Koreakrieg wird zwar diskutiert, schließlich wird jeden Tag in der Zeitung die Kampflinie abgebildet, doch der Krieg ist weit weg. Unsere deutsche Einheit soll *in Frieden und Freiheit* vorangetrieben werden, das hat Kanzler Adenauer in vielen Reden dem deutschen Volk fest zugesagt. Die englischen Soldaten, die immer noch in ihren Jeeps durch unsere Straßen fahren, sind friedliche Besatzungstruppen. Sie schützen uns vor den Russen und dem Kommunismus.
Ein Beweis für die Friedfertigkeit unseres Landes ist der Zusammenschluss mit Westeuropa. An einem Schulmorgen im Jahr 1951 verkündet uns Fräulein Schreine, unsere Französischlehrerin, dass uns von nun an ein enges, freundschaftliches Verhältnis mit Frankreich verbindet. Ein Vertrag ist geschlossen worden. In manchen Häusern spricht man zwar immer noch von Frankreich als dem *Erbfeind,* schließlich waren viele der Großväter an den Kriegshandlungen im Ersten Weltkrieg beteiligt, doch ich nehme hin, was mir gesagt wird. Ich kenne keine Franzosen. Warum also sollten sie nicht unsere Freunde sein, so wie die Amerikaner.

Im Sommer 1953 geschieht etwas Ungeheuerliches. „Amerika wird morgen eine Wasserstoffbombe von immensen Ausmaßen zünden. Sie soll 1000 Mal stärker sein als die Hiroshima-Bombe. Der Untergang der Erde kann die Folge sein." So oder ähnlich lese und höre ich.
An diesem Tag gehe ich lange allein durch die Dorfstraßen und den nahe gelegenen Wald. Ich spreche mit niemandem. Die Nachricht lässt mich nicht mehr los. Schreckensbilder entstehen in meinem Kopf, und der Tod scheint mir zum Greifen nah. Die vermeintliche Sicherheit gerät ins Wanken, Angst vor Krieg und atomarer Gefahr werden Begleiter meiner Jugendjahre.

Päckchen für die Ostzone

Frankreich und Amerika im Westen der BRD sind unsere Verbündeten, so heißt es. Die kommunistische SBZ und die Sowjetunion im Osten dagegen bedeuten eine große Bedrohung für unser Land. Die Kommunisten wollen die BRD besetzen, sie sind gefährlich, zerstören den christlichen Glauben und bringen den Menschen Armut und Verderben. *Drüben* werden unsere Brüder und Schwestern unterdrückt. Man hat mir ein klares Bild von Gut und Böse eingeprägt. Sind es Hörfunk und Zeitung, oder ist es der Geschichtsunterricht, der uns alle, ob in Schule oder im Dorf, im Gleichschritt denken lässt? Man spricht vom *Kalten Krieg*.

Als wir am 17. Juni 1953 die Schreckensnachricht vom Aufstand in Berlin und in der Zone hören, die Fotos von russischen Panzern und demonstrierenden Arbeitern sehen, ist unser Wissen um Gut und Böse in der Politik von Adenauer, Ulbricht und Stalin klar und eindeutig. Der Bevölkerung in der SBZ geht es schlecht. Wir leben im guten Teil Deutschlands, und uns geht es gut. In der Schule singen wir zum ersten Mal die dritte Strophe des Deutschlandliedes. Das ist von nun an unsere Nationalhymne.

Man spricht über Hilfsaktionen. Eltern und Lehrer knüpfen Kontakte zu Bekannten in der Zone. Wir Schülerinnen treffen uns einmal im Monat, um Päckchen und Pakete für die Bedürftigen zu packen. Im Laufe der Wochen tragen wir Mehl, Zucker, Fertigsuppen, Puddingpulver, Seifen und Süßigkeiten zusammen. Manchmal ist sogar ein Pullover, ein Paar Perlonstrümpfe, ein Kleid oder ein Wäschestück unter den Spenden zu finden. Die packen wir in Kartons, legen eine genaue Auflistung des Inhalts bei, beschriften sie mit dem Hinweis *Geschenksendung – Keine Handelsware* und der Adresse des Empfängers im anderen Teil Deutschlands. Wir tragen die großen und kleinen Geschenkpakete zur Post, sind stolz auf unser Tun. Und Spaß macht es auch, einen Nachmittag in der Schule auf diese Weise zu verbringen. Doch das Päckchenpacken nimmt kein Ende. Überdruss macht sich breit, der Spaß schwindet trotz der dankbaren Briefe der Empfänger. Nur mühsam und unter dem Einsatz und Druck unserer Klassenlehrerin werden die *Pakete für Drüben* Jahr für Jahr weiterhin verschickt. Wir müssen es tun für unsere *Brüder und Schwestern im anderen Teil Deutschlands.*

Im Dachgeschoss meines Elternhauses sind zwei kleine Räume ausgebaut, Mädchenzimmer und Jungenzimmer, ohne Heizung. Ich schlafe zusammen mit meiner Schwester im Mädchenzimmer, meine beiden Brüder im zweiten Raum. Fließend kaltes und warmes Wasser ist in den Flur vor den Räumen verlegt, ein Waschbecken hinter einem schützenden Stoffvorhang installiert. Zwei weiße Ehebetten mit passenden Nachtschränkchen, verziert mit einer Lippischen Rose, ein Kleiderschrank und eine Frisierkommode mit gleichem Dekor sind das Mobiliar unseres Mädchenzimmers. Vater hat es als Gästezimmer mit in die Ehe gebracht.
Seit früher Kindheit schlafen wir in den großen, weißen Betten im Mädchenzimmer. Ein gemütlicher Raum zum Lesen oder einem Treffen mit Freundinnen ist er zwar nicht, Mutter will nichts verändern, aber wir *haben* ein eigenes Zimmer. Eine Mitschülerin muss aus Platzgründen mit einem Klappbett in der *Guten Stube* zufrieden sein, denn immer noch wohnen Vertriebene mit im Haus, denen man ihren Schlafraum zugeteilt hat. Jeden Morgen zurrt sie die Decken und Kissen mit einem Riemen fest und klappt das Bett aufrecht an die Wand, um es am Abend wieder hervorzuklappen. Ihre Mutter hat einen Vorhang genäht. Der passt zu den

Wohnzimmergardinen und lässt tagsüber das Nachtmöbel verschwinden.
Dagegen ist unser Mädchenzimmer ein wahrer Luxus. Mutter hat einen Wäschepuff extra für uns hingestellt. Das ist eine kunststoffbeschichtete runde Box mit Deckel für unsere Schmutzwäsche. Blumendekor. Ein modernes Frisiercape aus Nylon, Spitzenimitat, hängt an der Spiegelkommode, eine runde Gummibürste mit Noppen für die Haarpflege liegt bereit. Unsere ausgekämmten Haare verschwinden in einem roten Kunststoffbehälter mit Deckel. Tütenform. Wie eine große, glänzende Eiswaffel hängt die Haartüte neben dem Spiegel.

Irgendwann, in unserem 13. oder 14. Lebensjahr, entdecken wir in unserem Mädchenzimmer unsere wundersame Verwandlung. Aus uns zwei Schwestern werden Frauen. Mit verstohlenen Blicken, erregtem Lachen und verschämten Gesprächen begleiten wir die Veränderungen unserer Körper. Vorsichtig ertaste ich meine Brüste. Sie sind klein, nicht der Rede wert, aber immerhin. Endlich ist auch eine Taille zu sehen, und die Beine sind schlank und gut geformt. Spärlich wachsen ein paar Haare unter den Achseln und an der Scham. Leider entdecke ich im Spiegel der Frisierkommode hässliche Pickel in meinem Gesicht. Meine Schwester schaut mich an: „*Pubertät*". Leise und mit einem verlegenen Lächeln begleitet, erklingt das aufregende Wort.
Und dann geschieht es: meine erste Regel! Ein paar Blutstropfen machen mich zur Frau. Mutter reicht mir *Camelia,* sie spricht von *Binden.* Das sind Watteeinlagen, umhüllt mit einem weichen Gewebe, das in zwei Bändern endet. Damit knüpfe ich die Einlage an einen Monatsgürtel. Das ist ein breites, weiches Gummiband mit je einer Schlaufe vorn und hinten. Erst seit kurzer Zeit gibt es in der Drogerie des Dorfes *Camelia* zu kaufen. Mutter ist begeistert: „ Man muss sie

nicht auswaschen wie früher die Stoffbinden. Wegwerfen und fertig! So einfach ist das."

Einfach ist das? Ich bin allein mit tausend Fragen und lebe in einem Meer von widerstreitenden Gefühlen. Halbe Sätze, Blicke, ein Lächeln der großen Cousinen und Nachbarinnen, Schweigen von Mutter und Vater und Lehrerinnen, Volkslieder und Schlager, die von der Liebe singen und die Fülle von Reklame für die Frau. Dazu all die vorsichtigen Andeutungen und Verwarnungen der Prediger und Frommen.

Was ist das mit der Liebe und dem Sex? Und wie muss eine Frau sein?

Mein Ideal auf dieser Welt
Wie ich mir eine vorgestellt
Ist eine schöne blonde Frau.
Sie kommt aus einem Märchenland
Und reicht mir ihre zarte Hand
Ist brav und nicht zu schlau,

so heißt ein Schlagertext.

Mädchen, die pfeifen, und Hühnern, die krähn,
denen soll man beizeiten die Hälse umdrehn!

so heißt es im Dorf. Mit leichtem Schmunzeln wird die Weisheit genannt, wenn unangebrachte Wünsche auftauchen. Ich lerne, dass mein Bruder Ski fahren und Schlittschuh laufen geht, nicht meine Schwester und ich. Manches schickt sich eben nicht für Mädchen.

„Ein Mädchen trägt Röcke", weiß Frau Direktorin.

Eine Reklame der Firma *Dr. Oetker* verkündet: *„Zwei Fragen hat eine Frau: Was ziehe ich an? Was koche ich?“* Die Antwort auf die zweite Frage lautet:
„Der Mann liebt Pudding.“

Der Seifenhersteller *Dalli* denkt an die Kinder und ermahnt die Mütter:
„Gebt ihnen das Beste mit – Sauberkeit.“

Ein Strumpfhersteller weiß: *„Uhli – Strümpfe machen froh und glücklich.“*

Und was weiß ich vom Frauwerden? In einer Atmosphäre von Angst und Zuversicht, von Rebellion und freudiger Erwartung bewege ich mich. Ich kenne meine Gefühle nicht mehr. Was will ich und was darf ich? In meinem wirren Kopf streiten sich Vorschriften, Ratschläge und Verheißungen für die Frau.

Die Schlager und Filme verheißen das große Glück, und das sieht so aus:

Durch die grüne Heide geht ein Mädchen jung und schön
Und ein junger Jägersmann sieht sie des Weges gehn
Pflückte schnell ein Röslein rot und schwenkte seinen Hut,
und er spricht das Mädchen an, wie ein Verliebter tut.

Oh Heideröslein
Nimm dich in Acht
Oh Heideröslein
Was der Jäger macht.
Er brach die Rose und gab sie dir,
oh Heideröslein
er will dein Herz dafür.

Heideröslein hörte nicht, erwidert seinen Gruß
Und der junge Jägersmann nahm sich dann einen Kuss.
Als das goldne Abendrot die grüne Heide grüßt
Hat das Heideröslein auch den Jägersmann geküsst.
Oh Heideröslein…

Als die grüne Heide glänzt im Silbermondenschein
Gingen beide Hand in Hand, als sollte es so sein
Heideröslein spürte nur, wie ihr das Herze schlug,
als der junge Jägersmann sie auf den Armen trug
Oh Heideröslein…

„Kitsch, Schmalz!" Verächtlich rede ich mit Schwester und Freundinnen über die Texte der Schlager. Ich weiß, man sollte sie nicht ernst nehmen. Sie malen die Welt in Rosarot, sollen lediglich gute Laune bringen. Doch die einschmeichelnden Melodien, die klangvollen Texte überrumpeln mit geheimnisvoller Macht meinen Verstand, entfachen eine große Sehnsucht nach einer heilen Welt voller Liebesglück.

Eine Sensation im Dorf! Ein Film wird gedreht! Wie ein Lauffeuer verbreitet sich die Nachricht: Auf der Adlerwarte finden Dreharbeiten für den Film *Die Geierwalli* mit der Hauptdarstellerin Barbara Rütting statt. Das Filmteam will die Schülerinnen und Schüler der Volksschule dazu einladen. „Unterricht auf der Adlerwarte" titelt die Freie Presse, und meine ehemaligen Schulfreundinnen dürfen dabei sein. Ich bin Fahrschülerin, eine von der Oberschule, ich gehöre nicht dazu.
Ein echter Filmdreh! Das muss etwas ganz Besonderes sein. Ich kenne bisher lediglich die Märchenfilme, die während des Krieges im Dorf gezeigt wurden. Jetzt sehe ich täglich im Vorüberfahren den *Neuen Krug,* das Lichtspielhaus im

heruntergekommenen *Sommertheater*. Frauen und Männer auf einer riesigen Wand schauen mich an. Titel und Bilder lassen in meinem Kopf aufregende Filme ablaufen. Leider nur im Kopf. Hin und wieder sehe ich Männer mit Eimern und Pinseln vor der Reklamewand stehen. Sie steigen auf Leitern und kleben die grell bunten Plakate mit den aufregenden Titeln und Bildern. „Die Sünderin" heißt ein Film. Man spricht darüber. Was ist das für ein Skandal! Hinter vorgehaltener Hand machen die Erwachsenen vage Andeutungen. Sie gehören in das große Feld des Unaussprechlichen. Vorsichtige Wörter, undeutliche Sätze, geheimnisvolle Andeutungen. Liebe, Sex, Sünde. Gehört das zusammen?

Kino

An einem Tag im Mai gehe ich ins Kino. In die *Flohkiste*, nicht in den *Neuen Krug*. Eine Schülervorstellung!

Flohkiste! Vielleicht verdankt sie ihren Namen der geringen Größe des Zuschauerraums, oder doch eher dem flohähnlichen Hüpfen der Bilder zu Zeiten, als die das Laufen lernten?

Eng ist es im Vorraum der *Flohkiste.* Mit Freundin Agnes stehe ich dicht gedrängt zwischen ausgelassenen Teenagern. *Das doppelte Lottchen*, der Film nach dem gleichnamigen Buch von *Erich Kästner* steht auf dem Programm. Den muss man sehen! Und deshalb stehen wir Schlange.

Die Kassiererin, versteckt hinter einer Wand des hohen Vorraums sitzend, schaut aus einem winzigen Fenster auf das Gedränge. Sie schiebt eine Glasscheibe zur Seite, nimmt das Geld entgegen, reißt von einer Papprolle an perforierter Stelle die begehrten Eintrittskarten ab und reicht sie den Wartenden. Schülerpreis 50 Pfennige. Zwei leicht geschwungene Treppen mit einem prächtigen schmiedeeisernen Geländer führen rechts und links des Ausgucks hinauf zum Kinosaal. Ein Wärter kontrolliert die Karten, hebt einen schweren Vorhang zur Seite und gibt den Weg frei in die *Flohkiste*. Dämmrig ist es, nur langsam gewöhnen sich die Augen. Rote, tütenförmige Lampenschirmchen aus Ölpapier auf Holzarmen verbreiten schummriges Licht. *TEMDE*-Lampen! Wir suchen unsere Plätze in den absteigenden Stuhlreihen, klappen die rot gepolsterten Sitze herunter und lassen uns zufrieden in die weichen Stühle fallen. Voller Erwartung schauen wir hinunter auf den roten Vorhang, der beinahe die gesamte Stirnseite des schmalen Raumes bedeckt. Endlich! Musik ertönt von irgendwo, der Vorhang verschwindet und auf der großen Leinwandfläche flimmern Bilder in ungeahnter Größe. Werbung! *Fox' Tönende Wochenschau* entfällt, ist nichts für eine Schülervorstellung. Dann endlich geht es los!

Die verzwickte und rührende Geschichte der Zwillinge Lotte und Luise beginnt. Geschiedene Eltern, Kinder getrennt! Das ist eine ungeheuerliche Situation. Im Dorf gibt es so etwas nicht. Oder weiß ich nichts davon? Solch ein Familiendrama muss geändert werden, und der Film löst das Problem in wunderbarer Weise. Ein aufregender Film. Ich verstehe Lotte und Luise, die beiden Heldinnen. Ich mag sie. Und ich mag auch ihre Kleidung: eine weiße Organzabluse, geschmückt mit einem schwarzen Samtband, und dazu ein schwarzer, weit schwingender Rock. Wäre das auch passend für ein festliches Tanzstundenkleid?

Ein Fernsehapparat

„Das musst du sehen! Komm mit!" Ich laufe mit meiner Schwester die Straße entlang zu einem Nachbarhaus. Hier wohnt Rosi mit ihren Eltern. Der Vater arbeitet in der nahe gelegenen Fabrik, die Mutter holt sich wöchentlich Heimarbeit von dem neuen Unternehmen im Dorf, um das Einkommen der Familie aufzustocken. Elektroklemmen muss sie zusammenstecken.

Von weitem sehen wir eine Schar von Kindern vor Rosis Haus. Sie alle schauen gebannt auf die Hauswand. Kaum jemand redet. Was ist los? Meine Schwester drängt sich durch die Gruppe nach vorn. Sie klettert auf die niedrige Mauer und hält sich am Zaun fest. Ich tu es ihr nach und kann *ES* sehen! Im Wohnzimmer von Rosis Eltern flimmert ein Kasten mit schwarz-weißen Bildern. Eine Hochzeit! „Die Königin Elisabeth", höre ich. Eine junge, wunderschöne Frau, angetan mit einer Krone und einem langen königlichen Gewand, an der Seite eines jungen Prinzen, fährt in einer prächtigen Kutsche durch eine jubelnde Menschenmenge. Das sehe ich in Bildern, und diese Bilder bewegen sich in einem Kasten in Rosis Haus.

Fernseher heißt dieser Apparat. Natürlich habe ich schon davon gehört. Junge Männer gehen samstags in eine Dorfkneipe, um fern zu sehen, das hat sich herumgesprochen. Sie schauen meistens Fußball. Aber dass auch so etwas Schönes wie diese Märchenhochzeit in den eigenen vier Wänden zu haben ist, das ist neu für mich.

Konfirmation

In meinem 13. Lebensjahr werden zwei Wörter wichtig, die ich zwar seit langem kenne, die jedoch in ihrer bizarren Fremdheit meinem Kopf zu schaffen machen.

Katechumenenunterricht und *Konfirmandenunterricht.*

Wieder und wieder fügt meine Zunge die fremden Klänge zusammen und stolziert als eigenwillige Melodie vor meinen Ohren auf und ab. Die Zunge muss üben, denn die wichtigen Wörter wollen eingereiht werden in meinen Wortschatz. Mein Kopf geht seine eigenen Wege, formt um, lässt Mehrdeutigkeiten zu.

Im Frühjahr beginnt der Katechumenenunterricht für die Jungen und Mädchen der großen Gemeinde Heiligenkirchen, Berlebeck, Fromhausen und Hornoldendorf. Ein Jahr wird er dauern. Er dient als Vorbereitung für den ebenfalls einjährigen Konfirmandenunterricht.
In einer Holzbaracke, einer ehemaligen Flüchtlingsunterkunft in der Nähe der Kirche von Heiligenkirchen, treffen wir uns wöchentlich einmal für eine Unterrichtsstunde. Die große Anzahl von 60 Kindern hat der Pfarrer in zwei Gruppen aufgeteilt. In der Regel erscheinen die Kinder aus der Dorfschule morgens, die Kinder aus den beiden Gymnasien am Nachmittag in dem ehemaligen *Behelfsheim* zum Unterricht. Ein eiserner Kanonenofen erwärmt den Raum, ein Schultisch für den Pfarrer und viele Stühle vervollständigen die ärmliche Einrichtung. Es ist eng und ungemütlich. Unser *Pastor,* ein großer, alter Herr mit einem kleinen Schnauz- und Kinnbart, sitzt ein wenig müde vor dem Tisch. Seine starken Hände ordnen die drei heiligen Bücher, deren Reichtum an Weisheiten für die Mädchen und Jungen bereit liegt. Unser Pastor trägt uns die *Frohe Botschaft* vor, lehrt uns Gesangbuchverse und fügt die *Fragen* und *Antworten* des *Heidelberger Katechismus* hinzu. Mal liebevoll tröstend, mal drohend klingen seine Erklärungen. Fremd und schwer sind die Wörter, und ungewöhnliche Bilder schwirren im Kopf, finden keinen festen Boden.
Mühsam schleppt sich der Unterricht dahin. Räuspern und Tuscheln wird lautes Gezeter. Die Jungen haben Taschen-

messer, Bindfäden und Streichhölzer in ihren Taschen, zeigen ihre Schätze in die Runde, treiben Schabernack. Die Mädchen kichern und lachen, albern unsicher zwischen Gehorsam und Aufbegehren hin und her.
Die Gottesdienstbesuche, die pflichtgemäß zum kirchlichen Unterricht gehören, verführen zu allerlei Unfug. Die Jungen in ihren Cordhosen spielen U-Boot auf den herrlich glatten Kirchenbänken. Sie tauchen ab in die Tiefe, um im nächsten Augenblick am anderen Ende der Bank wieder aufzutauchen. Die drehbaren Kleiderhaken an der Rückseite der Vorderbank bieten eine Fülle von Spielmöglichkeiten. Sogar Zöpfe kann man daran festbinden. Der Pfarrer ist hilflos. Wie soll er seine *Schäfchen* zum Zuhören bringen? „Es wird vor der Konfirmation eine Prüfung geben, das heißt, im Beisein der gesamten Gemeinde müsst ihr in einem Gottesdienst Gesänge, Bibelverse und Fragen mit Antworten aus dem Katechismus auswendig sprechen können." Laut und erregt klingt die Drohung aus dem Munde unseres Pastors. Sie ist sein Anker in der Not, wenn die Wogen des Lärms sich überschlagen und der Unterricht im Chaos zu versinken droht.
An manchen Tagen finden gemeinsame Stunden für die wenigen Gymnasiasten und die vielen Volksschüler statt. Ein unsichtbarer Riss geht durch die Gruppe. Mit wem redet die, wer geht mit wem den gleichen Heimweg? Wie spricht die, und was kann der? Vorurteile, unausgesprochen oder vage angedeutet, schwirren in den Köpfen. Noch vor drei Jahren waren wir Teil einer Klasse, jetzt wird gestichelt, belächelt, verletzt. Es sind Begegnungen mit versteckten Spannungen. Wir sind damit allein. Pfarrer, Lehrer und Eltern sehen es nicht.

Im zweiten Jahr wird das Pfarramt neu besetzt. Ein jüngerer Pastor übernimmt die große Gemeinde der vier Nachbardörfer. „Der stellt aber auch alles auf'n Kopp!", heißt es unter den Kirchgängern.

Pastor Groß, bisher Pfarrer im Diakonissenhaus Detmold, kommt mit Frau, vier Kindern und vielen Ideen in die dörfliche Gemeinde. Er wird zwar mit offenen Armen empfangen, doch die Kirchenältesten sind gewohnt, alles beim Alten zu lassen. So braucht es viel Redekunst und Überzeugungskraft, um Neuerungen im Gotteshaus und im Gottesdienst umzusetzen. Der Innenraum soll einen neuen Anstrich bekommen. Pastor Groß erklärt den Kirchenbau, seinen romanischen Baustil, erzählt von der kunsthistorischen Bedeutung und von der ursprünglichen Bemalung. Er kennt den Wert des Baudenkmals und versteht es, den Kulturschatz seiner Gemeinde und auch uns Konfirmanden ans Herz zu legen. Die Kirchenältesten stimmen einer Neubemalung zu.

Als jedoch die verspielten Blumengirlanden von den Wänden verschwunden sind und lediglich schlichtes Weiß und Ockerfarbe die romanischen Bögen und Wände zieren, wird neben Bewunderung auch leichtes Murren hörbar.

Pastor Groß stört das nicht. Er hat ein neues Problem zu lösen. In der großen Kirchengemeinde haben sich Lutheraner zu Wort gemeldet. Wozu gehören sie? Die hiesige Gemeinde nennt sich *reformiert*! Sie sind nicht reformiert. Nach vielen geheimen und offenen Wortgefechten, nach sachlichen Gesprächen und gefühlsgeladenem Gezeter unter Gläubigen, Presbytern und Pfarrer, verkündet Pastor Groß: „Von nun an nennen wir uns *unierte Gemeinde.*"

Ein besonderes Anliegen unseres neuen Pastors ist die Musik. Ein Student der Musikhochschule Detmold soll als Organist eingestellt werden. Da allerdings gibt es Schwierigkeiten, denn wir *haben* einen Orgelspieler. Er ist ein begeisterter Laienmusiker, der seit Jahren die Choräle im Gottesdienst begleitet. Sogar Vorspiele und Nachspiele bringt er zu Gehör. Die sind lang. Nach vielen verschlungenen Wegen,

Umwegen und kleinen Sackgassen kommt er immer wieder zum Choral zurück, und dann stimmen wir ein, beinahe pünktlich. Die Gemeinde kennt und liebt ihren Organisten und sein Spiel. Er soll bleiben. Der Neue muss erst einmal seinen Wunsch nach einem Personalwechsel zurückstellen.
Pastor Groß hat noch mehr Pläne in Sachen Musik. Am Weihnachtsabend soll eine Telemannkantate aufgeführt werden. Dazu will er einen Chor und ein kleines Orchester aus Gemeindemitgliedern zusammenstellen. Welch ein Unterfangen! Doch als die Proben beginnen, sind genügend Männer und Frauen zur Stelle.
Auch mich hat Pastor Groß zum gemeinsamen Musizieren überredet. Unsicher warte ich am ersten Abend mit meiner Geige zwischen vielen unbekannten Männern und Frauen auf den Beginn der Probe. Neben mir sitzt ein Geiger, ein mir unbekannter Herr mittleren Alters. Seine elegante Erscheinung und sein sicheres Auftreten machen mich ganz klein. Er spricht nicht mit mir. Als Pastor Groß ihn mit Professor anredet, verschwinde ich schnell in die zweite Reihe. Bin ich richtig hier? Von Telemann habe ich noch nie gehört, und einen Geigenprofessor mag ich nicht an meiner Seite haben. Ich weiß, wie schlecht ich spiele.
Die Probe beginnt. Pastor Groß hebt seine Hände, Musik soll erklingen. Da kommt dieser Moment: Der Professor wendet seinen Kopf, beugt sich zu mir, blickt mich irritiert an und ergreift meine Geige mit den Worten: „Komm, die will ich dir erst einmal stimmen."
Die G-Saite, die D, die A, die E-Saite! Vor und zurück müssen die Wirbel, die metallenen Schnüre dehnen und erschlaffen, auf und ab, kleine Schritte, kleinste Schritte, schließlich noch ein Hauch, dann sind sie hingeschliffen zu ihrem einzig möglichen Ton. Noch ein voller Klang auf allen vier Saiten. Saubere Töne erklingen im Raum. Jetzt ist der Geigenprofessor zufrieden.

Und ich? Unerträglich laut pocht das Blut in meinen Schläfen, mein Herz stolpert, und dunkles Schamgefühl überflutet mich. Ich kann nicht mehr denken, möchte verschwinden, weit weg von hier. Doch ich muss bleiben, muss die Geige zurücknehmen aus den Händen des Musikprofessors. Und die nächsten Proben, der Weihnachtsabend mit der Aufführung? Nichts davon ist in meiner Erinnerung geblieben. Die Scham dieser Stunde war größer als das große musikalische Ereignis in unserer Kirche.

Pastor Groß übernimmt auch unseren Konfirmandenunterricht. Der verändert sich. Bibel, Gesangbuch und Heidelberger Katechismus sind zwar immer noch unsere Lehrbücher, doch wir beginnen zu fragen, werden neugierig, diskutieren über Widersprüche und Unverständliches. Drohungen und Ängste verschwinden. Ich höre genau hin, wenn Fragen und Erklärungen diskutiert werden. Was ich gewohnt bin zu denken, bekommt einen leichten Sprung.

Im Frühjahr 1953 soll das **Fest der Konfirmation** gefeiert werden. Seit langem wird in den Schulklassen und Elternhäusern über das große Ereignis geredet, gilt es doch als Eintritt in das Erwachsenenleben. Die Mehrzahl der Konfirmanden wird nach der 8. Klasse die Schule verlassen und eine Lehre beginnen, ein Einschnitt von besonderer Bedeutung.

Mutter hat ein *BURDA*-Modeheft gekauft. Seit einer Woche blättern wir täglich in dem Journal, um ein passendes Modell für mein Konfirmationskleid zu finden. Eine Hausschneiderin aus dem Dorf wird es nähen. Dunkel muss das Kleid sein, das ist Tradition. Lediglich zwischen schwarz und dunkelblau kann ich wählen. Und der Schnitt? Kniebedeckt, tailliert, langärmelig, hoch geschlossen, so werden wir Mädchen an unserem Festtag erscheinen. Ein heller oder dunkler

Kragen, ein Falten-, Plissee- oder Glockenrock, ein Gürtel, kleine Schmuckarbeiten wie Biesen oder Smok am Vorderteil, diese Unterschiede sind erlaubt.
Mutter lässt Orchideenblüten oberhalb des Saumes in mein Kleid einarbeiten, deren plastische Gestalt durch das Unterlegen einer Wattierung entsteht. *Wattestepperei* nennt sie es. Leider ist die kostbare Arbeit nur bei genauem Hinsehen zu erkennen.
Am Tag der Konfirmation werde ich zum ersten Mal Nylons tragen. Wenn das geschieht, ist man erwachsen! Aus einer Strumpftasche hole ich mit vorsichtigem Griff die neuen, hautfarbenen Strümpfe hervor. *„Ergee, der Star unter den Perlonstrümpfen“* steht auf der Verpackung. Ein leichter Schauer läuft über meinen Rücken, als ich das kostbare und verletzliche Gewebe über Füße und Beine bis zum Hüftgürtel mit seinen vier elastischen Strumpfbändern hinaufziehe und mit einem gummierten Knopfverschluss befestige. Ist es freudige Erregung anlässlich des besonderen Augenblicks, oder ist es die Kälte und vornehme Eleganz des modernen Kleidungsstücks? Die Strümpfe sitzen perfekt, die Naht ist gerade, keine Falte, keine Laufmasche. Doch die braunen Sportschuhe, die ich, wie Mutter sagt, aus gesundheitlichen Gründen tragen muss, sind traurige Wahrheit. Sie sehen zu den eleganten Strümpfen einfach scheußlich aus.

Die Konfirmation findet am Palmsonntag statt. Endlich! Die Prüfung vor der Gemeinde mit all unseren Ängsten liegt seit einer Woche hinter uns. Dieser Tag ist der Abschluss und Höhepunkt unserer Kindheit, so sagen es die Erwachsenen.
Unter feierlichen Orgelklängen schreiten 60 Konfirmanden durch das Kirchenschiff. Pastor Groß schreitet voran, würdevoll im langen, schwarzen Talar, sein Kopf bedeckt mit einem samtenen, fremd anmutenden Barett. Die Jungen in dunklen Anzügen, weißen Hemden mit dunklem Schlips

folgen brav. Ihr erster Gang in Männerkleidung. Wir Mädchen folgen in unseren dunklen Kleidern und den neuen Nylonstrümpfen. Unsere Blicke sind gesenkt.
Das Gotteshaus ist uns zu Ehren mit Girlanden aus Stechpalmen geschmückt. Sie hängen in großen Bögen von den Balustraden der Emporen hinab. Auf der Altardecke blinken Kelch und Schale für das Abendmahl zwischen dem Blumenschmuck aus dem Garten des Küsters.
Wir haben den Einzug in das Gotteshaus geübt. Ruhig und würdevoll schreiten wir durch die schmalen Gänge, begleitet von den Blicken der großen und kleinen Gottesdienstbesucher. In ihrer Gegenwart sollen wir in die Gemeinde aufgenommen werden. Danach müssen wir ein Sündenbekenntnis ablegen, um anschließend das Heilige Abendmahl zu empfangen. Wir setzen uns und warten.

Ich bin sehr aufgeregt. Ich soll bekennen, dass ich eine Sünderin bin und muss Buße tun. Wann habe ich gesündigt? Was habe ich Böses getan? Es fällt mir nichts Rechtes ein. Soll das bisschen Neid, der Stolz, das Flunkern und der Streit mit den Geschwistern wirklich Sünde sein? Das Abendmahl ist Brot und Wein, das bedeutet der Leib und das Blut Christi. Was für Bilder! An die Kreuzigung, diesen grauenvollen Tod, soll ich denken, wenn ich Brot esse und Wein trinke. Meine Zweifel, Ängste, Wünsche und Hoffnungen münden in einem Meer von sich widerstreitenden Gefühlen.
In kleinen Gruppen gehen die Mädchen zum Altar, knien nieder und hören ihren Konfirmationsspruch, den der Pfarrer für sie ausgewählt hat. Jetzt bin ich an der Reihe. Ein fremder Schauer läuft über meinen Rücken. Ungewohnt ist das Knien vorm Altar, und ungewohnt sind die liebevollen Hände des Pfarrers auf meinem Kopf, als er mich segnet. Es erfasst mich eine große Feierlichkeit, und für einen kurzen

Moment gehöre ich zu diesem heiligen Raum in unserer vertrauten, alten Dorfkirche.
Nach uns Mädchen gehen die Jungen zur Einsegnung zum Altar. Als Felix niederkniet, verstummt das Gemurmel. Der Pfarrer verkündet der Gemeinde das große Unglück, das vor zwei Wochen *Im Fleck* geschehen ist. Felix' Vater ist tödlich verunglückt.
Ich kann Felix' Gesicht sehen, als er sich nach dem Segen erhebt. Wie zu einem versteinerten Bild sind seine schönen, ebenmäßigen Züge erstarrt.

Nach dem Gottesdienst nimmt der große Tag zu Hause seinen Fortgang. Meine Großeltern, meine Patin, Tanten und Onkel, Nachbarn und Freunde kommen, bringen Geschenke. Meine Eltern haben ein Silberbesteck ausgesucht. „Das ist der Anfang für deine Aussteuer." Meine Patin überreicht mir ein Schmuckkästchen. Darin liegt auf weichem Samt eine Uhr mit einem ledernen Armband. Meine erste Uhr! Die Nachbarn bringen hübsche Taschentücher, Glückwunschkarten oder Topfblumen. Gloxinien sind in diesem Jahr angesagt.
Unter den Geschenken liegt ein Buch mit dem Titel *Sternstunden der Menschheit* von Stefan Zweig. Ein Kollege meines Vaters hat es ausgesucht. Als ich nach dem Fest zu lesen beginne, muss ich große Gedankenschritte in fremde Erdteile und unbekanntes Denken tun.

Seit dem Sommer 1953 entsteht in der Dorfmitte von Berlebeck eine eigene Kirche. „Höchste Zeit", sagen die Leute. Bisher wird in einem Klassenzimmer der Schule der sonntägliche evangelische Gottesdienst gefeiert. Eng ist es, denn die Gemeinde ist um viele Flüchtlinge und Vertriebene angewachsen. Seit Kriegsende gibt es auch eine katholische

Gemeinde im Ort. Ihre Messen werden ebenfalls in der Schule abgehalten. Das ist nicht länger zumutbar. Eine Kirche muss ein würdiger Ort sein.
Deshalb nun endlich ein eigenes Gotteshaus im Dorf! Ein evangelisches, versteht sich, die Katholiken dürfen dort dann Gäste sein. Ein Bauunternehmer hat der Kirchengemeinde ein Grundstück in der Mitte des Dorfes nahe des Bachlaufs überlassen. Eine Schenkung. Es handelt sich um ein Wiesenstück mit angrenzendem Feuchtgebiet, ein Stück Land von geringem Marktwert.

Jedes Frühjahr nach der Schneeschmelze tritt hier das sprudelnde Wasser aus seinem Bett und umspült die Uferböschungen mit seinen kahlköpfigen Weiden. Es ergießt sich in die Wiesensenke zwischen struppigen Grasbüscheln und Schilfresten des Vorjahrs. Aus dem feuchten Modder steigt ein würziger Geruch, und grüne Frühlingsspeere sprießen hervor. Die sumpfige Wiese wird zu einem kleinen See. Manchmal spielen Kinder in dem flachen Wasser. Neugierig suchen sie in dem kalten Wasser nach kleinem Getier.

Dieses Wiesenstück voller kleiner Naturwunder muss weichen, als Bagger und Baufahrzeuge anrücken, um den Weg zum Kirchengrundstück anzulegen. Der Bach wird gezähmt und sein grasbewachsenes Ufer mit Beton verhärtet. Ladungen von Schotter und Steinen begraben Gräser, Schilf, Binsenbüschel und Dotterblumen. Das sumpfige Stück Land gibt es nicht mehr. „Die leidigen Überschwemmungen sind für immer vorbei!“, sagt man im Ort.
Der Kirchenbau kann beginnen. Die Dorfgemeinde nimmt regen Anteil an den Planungen und Überlegungen. Im Schaukasten der Gemeinde sind Pläne ausgehängt. Man diskutiert, fragt, wartet ab. Als sich nach einjähriger Bauzeit ein moderner Betonbau den Gläubigen präsentiert, ist man

geteilter Meinung. „Man muss sich gewöhnen“, sagen die einen und schauen kritisch auf das schlichte Gebäude mit seinem winzigen Glockenturm, einem dreiseitigen Schornstein ähnlich. „Das ist modern“, sagen die anderen und weisen auf die schrägen Linien, die kahlen Wände, die schlichten, hellen Holzbänke und den einfachen Altartisch im Gotteshaus. Lediglich eine Fensterfront mit kleinen, geometrischen Formen aus buntem Glas schmückt den Raum. Die alte romanische Kirche im Nachbardorf ist da schon etwas Anderes. „Aber unsere neue Kirche ist gemütlicher“, das ist schließlich die einhellige Meinung der Dorfgemeinde.
Von nun an muss Pastor Groß an jedem Sonntagmorgen in zwei Kirchen Dienst tun. Um 9 Uhr beginnt in der neuen Kirche der Gottesdienst, um 10 Uhr 15 in der alten Kirche in Heiligenkirchen.

„Hast du Lust und Interesse, Kindergottesdienste mitzugestalten? Du kannst den Kindern die biblischen Geschichten erzählen und mit ihnen Lieder singen. Ich traue dir das zu.“ Überrascht und stolz bin ich, als Pastor Groß mich anspricht. Nach kurzem Zögern sage ich zu. Es gefällt mir, vor Kindern zu stehen und ihnen die biblischen Geschichten zu erzählen, die seit früher Kindheit mein sicherer Schatz sind.
Allerdings haben sich seit einiger Zeit viele Zweifel eingeschlichen. Wie passen die Erkenntnisse, von denen ich im Schulunterricht höre, zu den Weisheiten der Bibel? Geschichtliches Wissen und Wundererzählungen, Lobgesänge und Kriegsgeschrei im Alten und Neuen Testament, logisches Denken und naturwissenschaftliche Beweise. Meine kindlichen Vorstellungen geraten ins Wanken.
Pastor Groß weiß Rat. An langen Abenden diskutieren wir mit ihm im Kreis der Kindergottesdiensthelfer unsere kritischen Fragen. Er zeigt Denkwege auf, rückt Wissenschaft und Religion an getrennte Plätze. Der Name *Karl Barth*

taucht auf. Im Kopf wird aufgeräumt. Die vertrauten biblischen Geschichten und Bilder müssen einen neuen Platz einnehmen, lassen freie Räume entstehen. Ängste und Enge können verschwinden, und Vertrautes kann ich hinüberretten in das beginnende Erwachsensein.

Milchbar

„Was das nur werden soll!" Mit skeptischen Blicken verfolgen die Menschen im Dorf den Neubau in der Dorfmitte. Ein seltsam anmutendes Rund entsteht zwischen dem sprudelnden Bach und der Straßenabzweigung zur Adlerwarte. Nicht größer als eine geräumige Bauernstube ist das rätselhafte Bauwerk, dessen östliche Außenmauer direkt an die Uferböschung gesetzt ist. Sein schilfgedecktes Dach, einem Pilzhut ähnlich, lässt es wie ein Häuschen aus einem Märchenbuch erscheinen. Oder doch eher wie eine Hütte aus einem afrikanischen Kraal? Die Dorfbewohner rätseln, lachen und witzeln.

Schließlich die Kunde: Es wird eine Milchbar! Am Tag der Eröffnung sind die jungen Leute des Dorfes zur Stelle. Sie sind begeistert. Schnell spricht es sich herum: eine prima Sache, solch eine Bar. Das ist keine Kneipe, in der es nach Bier, fettigem Essen und Zigarrenqualm stinkt. Es gibt keine schweren Eichentische und Stühle. Getränke, Musik, alles so anders, so neu. Das gefällt.

Meine Schwester und ich sind neugierig. Die Milchbar müssen wir auch sehen, schließlich schwärmen alle davon.

In unseren taillierten Tupfenkleidern, blau mit weißen Punkten, angekrauster Rock, kurze Ärmel, weißer Lackgürtel, betreten wir am Samstagnachmittag die Milchbar.

Drei Steinstufen, die schmale Eingangstür, dahinter ein leise klirrender Perlenvorhang. Wir stehen in dem hellen, runden Raum. Zigarettenrauch und laute Musik umgeben uns. Mädchen und Jungen sitzen auf der leicht geschwungenen, schmalen Holzbank unterhalb der Fensterfront. Sie lachen und schunkeln zur Musik. Gläser, gefüllt mit gefärbten Milchmixgetränken oder *Coca Cola* stehen vor ihnen auf kleinen, runden Tischen. Resopalbeschichtet. Davor leichte Stühle, kunstledergepolstert, rot, abwaschbar. Gleich rechts von der Eingangstür die Bar. Weich geschwungene Form, Kunststoff, Holzimitat. Das ist keine Theke wie in den Dorfkneipen. Kein Bierzapfhahn. Kein Alkohol. Oder doch? Auf einer Tafel sind neben den Milchgetränken exotische Namen zu lesen: *Martini* und *Cinzano*.
In einer Ecke der Bar, ein wenig versteckt, steht die Attraktion: eine Musikbox. Sie gibt dem Raum das Flair, das die Herzen der Jungen und Mädchen höher schlagen lässt. Hinter einer Glasscheibe im oberen Teil des schrankähnlichen, silberglänzenden Möbel stehen die schwarzen, runden *Schellack*-Schallplatten senkrecht aufgereiht. Daneben, auch hinter Glas, Plattenspieler und Lautsprecher. Herr und Herrin über diese Wunderbox sind die jungen Gäste der Milchbar selbst. Das ist es, wovon man träumt. Einmal nicht von einem Erwachsenen bevormundet werden, nicht auf Eltern und Lehrherren hören müssen, nicht das Genörgel von Vater und Mutter über die Texte der Schlager! Hier hat die Jugend das Sagen. Selbst entscheiden, und wenn es nur um die geliebte neue Musik geht.
Auf einer Liste sind die Titel der Schlager verzeichnet und mit Nummern versehen.

Liebe ist ja nur ein Märchen...

Anneliese, ach Anneliese, warum bist du böse auf mich...

Die süßesten Früchte fressen nur die großen Tiere...

Du hast so wunderschöne blaue Augen...

Ach, sag doch nicht immer wieder, immer wieder Dicker zu mir...

Du bist so schön wie Mama und klug wie Papa...

Ay, ay, ay Maria, Maria aus Bahia...

Hab'n Sie nicht 'ne Frau für mich...

Für wen, Señorita, für wen,
für wen machst du heute dich schön?

Die Liste ist lang.

Ein Groschen muss in einem Schlitz rechts neben der Glasscheibe verschwinden, dann kann der Knopf mit dem gewünschten Schlagertitel gedrückt werden. Der Plattenteller beginnt, seine Runden zu ziehen. Wie von Geisterhand greift ein metallener Hebel die gewünschte Platte und legt sie auf den Teller. Ein Plattenarm mit einer Saphirnadel setzt sich in Bewegung. Er hebt sich, schiebt sich vorwärts, senkt wie mit zarter Fingerspitze die Nadel behutsam in die spiralförmige Rille am äußersten Rand der Platte. Die Musik erklingt. Auf schwarzem Rund dreht sich *Philips* in Gold auf Rot, Takt für Takt, Runde um Runde, Melodien zum Träumen. Oder sind es Schnulzen, Schmalz? Die Mädchen und Jungen schunkeln, schlürfen mit Strohhalmen ihre Milchshakes, genießen ihre Zigaretten, sind glücklich. Hier und da beginnen Knutschereien, kleine Liebeleien und inniges

Küssen. Die Schlager singen davon. Das ist Wochenendvergnügen nach dem Geschmack der Dorfjugend.
Stumm sitzen meine Schwester und ich in einem aufgeregten Bienenschwarm junger Leute. Diese Milchbar! Neugierig hören, sehen und riechen wir, wie sich das Leben hier anfühlt. Süße Verlockungen, leichter Zigarettennebel, exotische Namen und betörende Schlagermusik liegen über der ausgelassenen Stimmung. Wir schauen uns um. „Ist das nicht Marlis, die geht mit Erich? Ich dachte, die hätte ein festes Verhältnis mit Udo! Der da ist wohl ihr neuer Schwarm. Und da die Blonde in dem Plisseerock. Die kenn ich doch. War immer ziemlich bieder, und jetzt trägt sie Dauerwelle und Pumps mit Pfennigabsätzen. Na ja, sie hat das Geld. Sie ist Schreibmaschinenfräulein und muss zu Hause kein Kostgeld abgeben!"
Wir bestellen einen *Capri-Becher*, das ist ein Mixgetränk aus Pfirsich und Milch, dekoriert mit einem Fruchtstückchen. Er schmeckt großartig. Ist da auch ein Hauch von Alkohol? Unser verlegenes Staunen schwindet, und wir genießen. Wir lachen, schunkeln mit der Musik und schauen mit heimlichen Blicken hinüber zu dem Pärchen, das so unbekümmert am Nachbartisch knutscht und küsst. *„O Heideröschen, nimm dich in Acht"* klingt es aus der Musikbox.
Heiner mit der Elvis-Pomadenfrisur tönt durch den Raum: „Legt mal 'ne neue Scheibe auf!" Und Robert vom Männergesangverein Berlebeck ruft dem Barkeeper zu: „Es quietscht schon wieder. Du musst die Nadel auswechseln!"

Tanzstunde

„Gehst du auch? Dann komm ich mit!" Die Mädchen und Jungen der Gymnasien besuchen im Herbst nach der Konfirmation eine der beiden Tanzschulen in der Stadt. Zusammen

mit mehreren Schülerinnen meiner Klasse bin ich für den nächsten Kurs bei Frau von Markwitz angemeldet. Tanzen! Was für ein aufregendes Vorhaben! Im nahen Verwandtenkreis bin ich die erste, die einen Kursus besucht. Weder Eltern noch Cousinen und Cousins haben sich bisher einen Tanzkurs geleistet. Vater ist einverstanden. Und Mutter? Beneidet sie mich sogar ein wenig?
Vor der ersten Tanzstunde bin ich zum Zerspringen angespannt. Was kommt da auf mich zu? Schüler vom Leopoldinum, dem Gymnasium für Jungen, werden unsere Tanzpartner sein. Wer wird mit mir tanzen? Kann ich das lernen? Und wenn ich ein Mauerblümchen bleibe? Nicht auszudenken! Meine Freundin macht sich Gedanken über ihren Gang. Ihre Mutter hat mit ihr geübt, elegant zu gehen, denn nur ein guter Gang gefällt den Männern, so sagt sie.

Das machen nur die Beine von Dolores
Dass die Signores nicht schlafen gehen...

heißt es in einem Schlager.

Gehe ich richtig? Wie gefällt meine Kleidung, meine Haarfrisur? Worauf habe ich mich nur eingelassen? Unsicher und voller Angst betrete ich zur ersten Stunde den großen Saal der eleganten, ein wenig verwinkelten Stadtvilla.
Zwei Stuhlreihen sind rechts und links an den Wänden aufgereiht, dazwischen die Tanzfläche, ein hochglänzender Parkettboden. Kleine Grüppchen von Mädchen und Jungen stehen beisammen, nach Geschlecht getrennt, versteht sich. Unsere Tanzlehrerin bittet uns, auf den Stühlen Platz zu nehmen. Getrennt. Rechte Seite Mädchen, linke Seite Jungen. Wir sitzen einander gegenüber, Auge in Auge. Die Jungen tragen Anzüge, Oberhemden und Krawatten, wir Mädchen ein Kleid oder einen Rock mit Bluse. Sonntagskleidung!

Und Schuhe mit Ledersohle zu tragen, ist sinnvoll. Nicht die Schuhe mit Specksohlen, die zu dieser Zeit in Mode sind.
Mit Unterweisungen in Sachen Benehmen beginnt der Tanzunterricht. Die Regeln des Vorstellens – den Herrn stellt man der Dame vor, den Tieferen dem Höheren, die Verbeugung des Herrn darf nicht zu tief sein, der Knicks der Dame wird nur angedeutet. Wir lernen gesellschaftliche Umgangsformen. Die seltsam anmutenden Regeln, im Dorf als Getue belächelt, gehören zur Tanzstunde. Die Herren müssen üben, wie man eine Dame zum Tanz auffordert. Das ist nicht einfach. Eine höfliche Verbeugung, gepaart mit einem Lächeln, will gelernt sein. Wir Mädchen sitzen auf unseren Stühlen und warten, bis wir für die höfliche Aufforderung eines jungen Mannes mit einem zustimmenden Knicks danken und mit ihm die Tanzfläche betreten.
Die Tanzhaltung: Arme, Beine, Rücken, Kopf, nicht zu nah am Partner, nicht zu weit, locker, nicht verkrampft, kein Klammergriff, kein Hängegriff. Und dazu lächeln! Jetzt kann es losgehen.
Auf Anweisung setzen wir unsere Füße in Bewegung, Trockenübungen für einen Foxtrott. In der Ecke des Saales steht auf einem kleinen Tisch ein Plattenspieler. Frau von Marwitz setzt ihn in Gang. Endlich die ersten Schritte im Takt der Musik:

vor vor seit ran **rück rück** seit ran

vor vor seit ran **rück rück** seit ran

Laut ruft Frau von Markwitz die kurzen Befehle in die Musik. Sie hämmern in unseren Ohren, bewegen stumm unsere Zungen, beherrschen unser Denken. Sie lassen kein Gespräch mit dem Tanzpartner zu. Wir halten einander fest, setzen die Füße und schweigen. Unsere Köpfe glühen.

Es ist die erste Tanzstunde.
Auf der Heimfahrt ins Dorf bin ich immer noch erregt. Felix ist unter den Tanzschülern.

Als ich zur nächsten Tanzstunde den Saal betrete, steht eine Gruppe Mädchen dicht gedrängt um den Flügel herum. Musik erklingt. Felix! Er sitzt auf dem schwarzen Klavierhocker, spielt die neusten Schlager, Boogie Woogie, Rock'n' Roll. Die Mädchen schunkeln, singen mit, bewundern sein Können.
Von Lore erfahre ich, dass er sich sein Taschengeld in einer Zwei-Mann-Kapelle verdient. Mit seinem Bruder spielt er bei Familien- und Dorffesten. Schon nachmittags unterhält Felix mit Opern- und Operettenmelodien die Kaffeegesellschaft. Er hat Zeit, er ist Schüler. Am Abend, wenn der Arbeitstag des Bruders, er ist Schlosserlehrling, beendet ist, tritt die Zwei-Mann-Kapelle mit Akkordeon und Klavier auf. Bis spät in die Nacht hinein erklingen Tanzmelodien, Volksweisen und Lieder, alte und neue Schlager. „Kennst du den?", ruft man im Saal, und singt einen Text. Die Brüder kennen auch den. Felix hat die neuen Schlager im Radio gehört, sie Stück für Stück nachgespielt und anschließend mit seinem Bruder eingeübt. So ist man immer auf dem neuesten Stand. Die Kunden lieben das. Bis spät in die Nacht hinein unterhalten die beiden Musiker die Festgesellschaft in den Dorfkneipen oder auf dem Saal im vornehmen Kurort Bad Meinberg.
Dieser Felix ist in meinem Tanzkurs. Wie er aussieht! Diese Gestalt! Und wie er tanzt! Immer wieder muss ich ihn ansehen. Anreden kann ich ihn nicht. Das tut man nicht. Hin und wieder sind wir Tanzpartner, doch zum Abschlussball hat er Caro gewählt. Oder war sie mutiger als ich und hat ihn angesprochen? Zum Ball trägt Caro ein weißes Ballkleid. „Mit weit schwingendem Tüllrock, 4 Meter Tüll", betont

Caro. Darunter trägt sie, man kann es sehen, einen Petticoat. Das ist es, wovon Mädchen träumen.
Das neue Wunder der Mode bestimmt die Mädchengespräche in Schule und Freizeit, zu Hause am Mittagstisch und am Abend. Ein Petticoat! Bitte! Bisher trug man unter jedem Rock und jedem Kleid einen passenden Unterrock, mal warm, hautfarben und angeraut aus Interlock, mal weiß und spitzenbesetzt aus Baumwolle oder Taft. Neuerdings gibt es auch Unterröcke aus der neuen Kunstfaser Perlon. Aber der Petticoat! Das ist etwas anderes. Wie eine weiße Glocke aus zartestem Gittergewebe steht er in den Schaufenstern der Modegeschäfte. Knisterndem Kristall ähnlich bauscht sich ein Perlonfall über dem anderen zu einem strahlenden Eisberg und füllt das Kleid seiner Trägerin zu einem weit schwingenden Rock. Caro trägt einen Petticoat. Ihre Taille schmal, ihre Bewegungen anmutig und ihr Ballkleid perfekt. Und Felix tanzt mit Caro.
Ich trage ein Kleid, das hat Mutter für mich ausgeliehen. Ohne Petticoat. „Ich nähe dir einen Unterrock", hatte Mutter getröstet, „der ist genau so gut wie ein Petticoat." Sie hat einen Halbrock aus Nesselstoff mit drei übereinander fallenden Rüschenstufen genäht und die Stoffmasse mit *Hoffmann's Stärke* zu prächtiger Fülle aufgebauscht. Beim ersten Anblick bin ich getröstet, doch schon nach wenigen Tänzen fällt die herrliche Steife in sich zusammen. Schlaff hängt der Rock unter dem Tanzkleid. Keine Fülle, kein weit schwingender Rock zur schlanken Taille. Kein Petticoat.
Und Felix tanzt mit Caro.

Oberstufe

Ich bin jetzt in der Oberstufe. Nach dem *Einjährigen* habe ich nicht, wie geplant, das Gymnasium verlassen. Ich will Lehrerin werden, Volksschullehrerin. Fräulein Studienrätin Haupt traut es mir zu, und meine Eltern sind einverstanden.

Akkurat und sauber! steht über dem Unterricht in der Frauenoberschule.
Eingegraben in die Köpfe unserer Lehrerinnen und fest verankert in alle Lehrpläne für die angehenden Frauen und Mütter sind diese beiden Wörter.
Akkurat und sauber! Wie unendlich viel Mühe, Tränen, Arbeitsstunden und Lebenszeit kostet dieser Anspruch.

Zu unserer Ausbildung gehören neben den wissenschaftlichen Fächern die praktischen Fächer Kochen, Textiles Gestalten, Hauswirtschaft und Säuglingspflege. Hinzu kommen drei Praktika in sozialen Einrichtungen der Stadt.

An einem Vormittag in der Woche werden die Fächer unterrichtet, die uns befähigen sollen, gute Ehefrauen, Hausfrauen und Mütter zu werden. In einem ehemaligen Wohnhaus mit Garten in der Benekestraße treffen wir uns von 8 Uhr bis 14 Uhr. Im Halbjahresrhythmus wechseln die unterschiedlichen Fächer, sodass der volle Vormittag genügend Zeit für einen Schwerpunkt bietet.

Lehrplan für den Handarbeitsunterricht:
Stopfen: mit Twist, mit Wolle, mit Baumwolle. *Häkeln*: Luftmaschen, feste Maschen, Stäbchen, Doppelstäbchen, gedrehte Maschen, Lochmuster. *Sticken:* Plattstisch, Kreuzstich. *Stricken*: rechte Masche, linke Masche, gedrehte Masche, Zopfmuster, Lochmuster, farbige Muster, nach Vorlage stricken. *Nähen:* einfache Naht, doppelte Naht, Kappnaht, Ziernaht, Steppnaht, Säumen, Knopfloch nähen, Reißverschluss einsetzen, Flicken untersetzen, Flicken einsetzen, Flicken einstopfen.

Lätzchen nähen und besticken, Serviettentasche nähen und besticken, Schürze nähen, Kinderkleidchen nähen, Kinderhose nähen.
Ein Heft zu allen Arbeiten führen.

Handarbeiten! Was wir alle zu können meinen, gerät unter der Aufsicht von Fräulein Meister in einen Strudel von Fehlermöglichkeiten. Kreuzstich! Wie einfach ist der zu sticken! Doch Fräulein Meister schaut auf die Rückseite der Arbeit. Die Perlgarnfäden müssen nicht nur auf der Vorderseite des Stramins gleichmäßig liegen, vor allem die Rückseite zeigt, wie akkurat wir arbeiten. Tritt auch nur ein Fädchen aus der Kolonne der Stiche hervor, ist Auftrennen angesagt. Stunden um Stunden vergehen, bis die Stickerei perfekt ist. Dann ist Fräulein Meister so sehr zufrieden, dass sie die Stickerin zu sich in einen Nebenraum herbeiflüstert. Sie empfiehlt und verkauft für die nächste Stickerei ein extra gutes Stück Leinen oder eine spezielle Farbpalette Perlgarn, Indanthren gefärbt.

Unsere Nähkünste erlernen wir an manuellen Nähmaschinen. Das ist ein mühsamer Weg zu einer geraden, sauberen Naht, ohne dass der Unterfaden zu einem endlosen Gewirr anwächst. Viele Probelappen sind notwendig, bis schließlich in der Unterprima unser Meisterstück entstehen kann: ein Kleid und eine Hose für sechsjährige Kinder. Vom Schnittmuster erstellen bis zum Nähen der Ziernähte vergehen viele Wochen. Vor allem ist der Hosenschlitz ein vertracktes Stück Arbeit. Frau Meister ist genau: „Darauf schaut man. Der muss sitzen!"
Vera ist besonders geschickt im Nähen. Als sie an einem Morgen, ganz ohne zu fragen, ein großes Stück Stoff ausbreitet und mit wenigen Schnitten einen Rock zuschneidet, halten wir den Atem an. Ungeheuerlich! Sie setzt sich an eine Nähmaschine und näht. Nach zwei Stunden Arbeit

liegt Veras Rock fertig auf dem Tisch. Ohne Schnittbogen, ohne saubere Innennähte, ohne Unterfutter! Wir sind sprachlos. Frau Meister auch, mehr noch. Sie ist empört. „Zu unsauber genäht! Nicht akkurat!“ Aber der Rock ist wunderschön. Ein Tellerrock! Das Panorama einer südlichen Landschaft mit Hügeln, Strand und Segelschiffen in zarten Farbtönen weckt Ferienwünsche auf blauem Baumwollstoff. Dazu trägt Vera eine weiße Bluse und einen breiten, dehnbaren Samtgürtel mit goldfarbener Metallschließe. Es ist ein Traum!
Was ist dagegen unsere mühsam genähte Kinderkleidung! Und was sollen wir damit anstellen?

Kochunterricht und Hauswirtschaftslehre, immer samstags von 8 bis 14 Uhr, finden in einem großen Raum mit mehreren Elektro- und Gasherden statt. Fräulein Schreiber sucht Gerichte nach dem *Dr. Oetker*-Kochbuch aus, die wir von unseren Müttern kennen. Hin und wieder kommt ein neues Rezept zu unserer sauber aufgeschriebenen Sammlung hinzu. Einige Schülerinnen haben tags zuvor die Zutaten eingekauft. Angetan mit weißem Kopftuch und Schürze bereiten wir in kleinen Gruppen die verschiedenen Gänge zu. Vorschriften beim Decken des Tisches, beim Servieren der Speisen und Benimmregeln für die anschließende gemeinsame Mahlzeit wollen beachtet sein. Es gibt immer *richtig* und *falsch*.
Fräulein Schreiber gibt Tipps, korrigiert, lobt und tadelt. Sparsamkeit, Genauigkeit und Sauberkeit ist angesagt. Wäsche hängt man sortiert auf die Leine, das gefällt den Nachbarn. Esswaren dürfen nicht verkommen, Reste müssen verwertet werden, das ist sparsam. Das Meisterstück beim Bügeln ist ein perfekt gebügeltes Herren-Oberhemd. Eine echte Herausforderung.

„Eine Schürze darf keine Falten haben. Man bügelt sie mit der Hand. Niemand schiebt eine Schürze durch eine Mangel!“ Fräulein Meister hat meine Schürze entdeckt. Mutter hat sie gemangelt. Falsch!

Auch in Erziehungsfragen weiß unsere Lehrerin genau Bescheid. Man erzieht den Säugling mit viel Liebe nach dem *3R-System*, das bedeutet Ruhe, Reinlichkeit und Regelmäßigkeit. Kleinkinder sollten von der eigenen Mutter erzogen werden. Kindergarten ist vor allem etwas für sozial benachteiligte Familien. Die *Krippen* in der DDR sind eine Zumutung. Nur *Rabenmütter* geben ihre kleinen Kinder in fremde Hände.

Kochen, Haushaltslehre, Handarbeiten, Säuglingspflege!
Uns wird manches fragwürdig, was wir in den praktischen Fächern beachten sollen. Machen unsere Mütter soviel falsch? Wie sollten sie je einen großen Haushalt bewältigen, müssten sie ihn nach den vorgeschriebenen Regeln führen. Sind nicht neue Geräte und Textilien auf dem Markt, die manchen Arbeitsgang überflüssig machen? Zum Beispiel gibt es die knitterfreien Stoffe, die bügelfreien *Nyltest*-Hemden, die Perlonwäsche, -kleider und -röcke. Sie sind pflegeleicht. Es gibt kein Einweichen, kein Kochen, lediglich in lauwarmem Wasser ausdrücken und tropfnass aufhängen. Fertig! Einfacher geht es nicht.
Und was weiß Fräulein Ast von Kindererziehung? Meine Mutter und meine Tanten im Dorf kennen sich da besser aus, da bin ich sicher.

Etwas anderes ist es mit den Praktika.
In den Jahrgangstufen Obersekunda, Unter- und Oberprima sind jeweils vier Wochen praktische Arbeit in einem sozialen Bereich vorgesehen. Im ersten Jahr bin ich auf der

Kinderstation des Frauenheims, das ist die Detmolder Geburtsklinik, im zweiten in einem Kindergarten, und im letzten Jahr werde ich dem Gesundheitsamt zugeteilt. Es sind Zeiten voll neuer Erfahrungen, die einen Einblick in das Berufsleben von Frauen geben. Die Arbeit im Kindergarten scheint zwar noch von unbekümmertem Leben geprägt zu sein, doch im Frauenheim sehe ich neben Freude auch Kummer und Schmerz. Diese Schreie der Frauen während der Geburt machen Angst, und die beiden verlassenen Kinder, die ich gemeinsam mit meiner Mitschülerin betreue, was wird aus ihnen?

Im Gesundheitsamt werde ich einer Fürsorgerin zugeteilt. Bevor sie mit mir zu ihren *Klienten* fährt, darf ich im Büro in einige Akten schauen. Auf einem Motorroller nehme ich hinter ihr Platz. Ausgestattet mit meinem grünen, neuen Regenmantel aus PVC und Gummistiefeln gegen den Herbstregen fahren wir zu Familien, zu Männern und Frauen im Kreis Detmold, die vom Gesundheitsamt betreut werden.

Wen besuchen wir und warum? Wir klingeln bei einer alleinerziehenden Mutter. Wir sind nicht angemeldet. Ist alles in ihrer Wohnung in Ordnung? Wie geht es dem Kind? In einer Sozialbauwohnung schaut die Fürsorgerin nach dem Rechten. Warum hat die Bewohnerin von ihrem geringen Geld einen Staubsauger auf Raten gekauft, obwohl weder Teppich noch Polstermöbel vorhanden sind? In einem erschreckend ärmlichen Haus empfängt uns eine todkranke Frau. Sie hat TBC, Schwindsucht im dritten Stadium. Die Krankheit ist immer noch ein großes Schreckgespenst für die Bevölkerung. Die Fürsorgerin redet, fragt, tröstet. Wir verlassen den dunklen, feuchten Raum und fahren weiter zu dem nächsten Elend. Eine Aktennotiz beendet die Besuche.

So kann Erwachsensein aussehen? Schule ist ein geschützter Raum, das wissen wir nach der Zeit als Praktikantin einer sozialen Einrichtung. In schriftlichen Berichten und nachdenklichen Gesprächen äußern wir Unsicherheit und Angst, gleichzeitig aber schwindet das Gefühl, als Schülerin unbedeutend und klein zu sein. Wir haben Berufsleben kennen gelernt, und das gehört zum Erwachsenwerden.

Im Dorf macht man sich Gedanken über das Gymnasium. Wenn man in der Stadt zur Schule geht, kann man etwas Besonderes werden. Später bekommt man eine Arbeit, bei der Hände und Fingernägel sauber bleiben. „Und wenn es nichts wird mit der Schule, dann müssen die später eben auch arbeiten", meint eine Nachbarin. Sie wundert sich, dass sie von Gymnasiasten immer noch gegrüßt wird.
Meine ehemaligen Mitschülerinnen haben längst eine Berufsausbildung begonnen und zum Teil schon abgeschlossen. Eine Lehre zur Friseuse oder Schneiderin, eine Haushaltslehre, eine kaufmännische Lehre, eine Ausbildung als Stenotypistin und Schreibkraft in einem Büro. Die Wahlmöglichkeiten sind gering.
Beliebt und gefragt ist der Beruf der Verkäuferin. In jedem kleinen und großen Geschäft im Dorf und in der Stadt stehen Damen oder auch Herren für den Kunden bereit. Sie fragen nach den Wünschen, holen die Ware hervor, preisen sie an, legen sie auf den Ladentisch, beraten und verkaufen. Ein Pfund Butter, eine Tube Zahncreme, ein Mantel, ein Paar Schuhe, eine Schaufel: Die *Bedienung* ist zur Stelle. Selbstbedienung kennt man nicht.

Im Dorf gilt die Ausbildung der Mädchen als Übergangszeit zwischen Schule und Heirat. Sie wird nicht sonderlich gewürdigt.
Rita ist Sekretärin geworden. Sie liebt ihren Beruf. Doch sie hat es nicht leicht. Während der Mittagspausen fährt sie mit dem Fahrrad nach Hause. Sie isst zu Mittag, wechselt ihre Kleidung, verrichtet im Stall oder auf dem Acker hinter dem

elterlichen Haus anstehende Arbeiten, zieht sich erneut um und radelt zurück zum Büro der nahe gelegenen Firma.
Als im Dorf die ersten gleichaltrigen Mädchen heiraten und die Rolle einer Ehefrau und Mutter übernehmen, bin ich immer noch Schülerin und fahre täglich in die Stadt. Am Nachmittag *habe ich frei*. Ich werde beneidet, habe es gut, kann noch zur Schule gehen, in die Stadt aufs Gymnasium.
Auch für Mutter sind die Hausaufgaben keine wirkliche Arbeit. Ich muss im Garten und Haushalt helfen. „In den Ferien kannst du dir Geld verdienen“, meint sie. So übernehme ich einen Ferienjob in der nahe gelegenen Fabrik. Im dortigen Büro addiere ich täglich mit einer kleinen Rechenmaschine Kolonnen von Zahlen. Dann steht die Zeit still, erst abends komme ich wieder in Bewegung. Freitags werde ich in einen Extraraum gebeten, um gemeinsam mit zwei Büroangestellten den Lohn für die Arbeiter in beigegelbe Packpapiertüten zu stecken. Ich darf *eintüten*! Ein Vertrauensbeweis, weil ich von der Höheren Schule komme?
Ich verdiene 50 Mark in der Woche. Die lege ich zusammen mit jeweils 50 Mark von Schwester und Mutter für ein Fahrrad. 150 Mark! Ein neues Fahrrad für uns drei Frauen! Farbe: Schwarz!

Mein Cousin Friedrich darf auch das Gymnasium besuchen. Ich verstehe mich gut mit ihm. Er hat nach der *Mittleren Reife* eine Banklehre abgeschlossen und sich dann noch einmal am Leopoldinum beworben, um das Abitur machen zu können. Ein pensionierter Regierungsrat, er wohnt seit Kurzem als Untermieter in seinem Elternhaus, hat ihn zu diesem Schritt ermutigt. Nun fahren wir morgens gemeinsam in die Stadt. Die Fahrten bieten Möglichkeiten zu vielen Gesprächen. Um Schule, Lehrer, Fächer und natürlich um allerlei Vorkommnisse in den Klassen geht es. Er ist gerade vom Jugendhof Vlotho, einer Tagungsstätte für politische und musische Bildung, zurückgekehrt. *Die Revolution entlässt ihre Kinder* von *Wolfgang Leonhard* und das *Kommunistische Manifest* von *Karl Marx* waren Grundlagen der Diskussionen. Im kommenden Monat ist eine Studienfahrt seines Jahrgangs in das geteilte Berlin geplant und eine Begegnung mit Schülern aus Ostberlin vorgesehen. Deshalb die besonders intensive Auseinandersetzung mit dem Kommunismus. Auch in meinem Geschichtsunterricht spielt das Buch von *Wolfgang Leonhard* eine große Rolle. Es bietet Stoff für viele Diskussionen in Schule und Elternhaus.

In der Klasse meines Cousins ist auch Felix, das weiß ich. Über ihn möchte ich mehr erfahren. Wie kann ich das Gespräch auf Felix lenken? Politische und musische Bildung, – Jugendhof Vlotho. Es klappt. „Felix nimmt in jedem Jahr an den *Musischen Wochen* auf dem Jugendhof teil. Er muss dort oft den Continuo-Part übernehmen. Ein super Musiker. Jetzt hat er ein kleines Schülerorchester zusammengestellt. Samstags nach dem Unterricht wird geprobt, ohne Musiklehrer. Felix sucht die Literatur aus und leitet die Gruppe." Ich will noch mehr über ihn wissen „Und, hat er eine Freundin?" „Ich weiß nicht."

Aushilfe

In unserer Stadt gibt es eine Einrichtung für junge Mütter, die unehelich ein Kind geboren haben. Diakonissen bieten den *gefallenen Mädchen* im oberen Stockwerk des Mutterhauses für einige Zeit Platz und Zuwendung; sie sollen wieder *auf die rechte Bahn gebracht* werden. Nur hinter vorgehaltener Hand spricht man in der Stadt davon.

„Könnt ihr euch vorstellen, eine Woche lang dort auszuhelfen? Eine Grippewelle grassiert unter den Diakonissen, und nun fehlt Personal." Die Schulleitung bittet uns Unterprimanerinnen um Hilfe. Wir haben in Kindergärten, Kinderklinik oder Entbindungsstation unsere Sozialpraktika absolviert, die zu unserer Ausbildung in der Frauenoberschule gehören. Da sind wir offensichtlich die richtigen Ansprechpartner für diese Aufgabe.

Pünktlich früh um 7 Uhr am nächsten Montag erscheinen wir im Diakonissenhaus, einem großen roten Backsteingebäude. Freundlich begrüßt uns eine Schwester in ihrer Tracht. Sie trägt ein knöchellanges Kleid, dunkelblau mit winzigen weißen Punkten. Ihre langen Haare, zum Knoten gebunden, stecken unter einer schlohweißen Haube, deren gestärkte Falten wie mit erstarrten Wellen den Hinterkopf spärlich bedecken. Eine steife Schleife unterm Kinn presst die Haube um ihr blasses Gesicht.

Die Schwester berichtet vom Notstand im Haus und teilt uns unsere Arbeit zu. Putzen! Wir sollen putzen. Kernseife, Sagrotan, Wischeimer, Putzlappen, Besen und Schrubber stehen zur Verfügung, um damit die dunklen, großen Flure, die Küche und den Speisesaal zu säubern. Wir putzen. Wir haben keinen Kontakt zu den jungen Frauen, die hier mit ihren Säuglingen wohnen. Wo sind sie? Dürfen wir sie nicht sehen? Unsere Aufgabe ist es zu putzen. Doch wir genügen den Ansprüchen an Sauberkeit nicht. Eine eifrige Diakonisse zeigt uns, wie mit Hilfe einer Zahnbürste der Schmutz an einer Fußleiste hervorzuholen ist.

Pünktlich um 12 Uhr mittags versammeln sich die Ordensschwestern im düsteren, großen Speisesaal zur gemeinsamen Mahlzeit. Hinter ihren Stühlen stehen sie an einer langen Tafel und warten auf die Oberin. Sie erscheint und winkt uns an die leeren Plätze. Es wird still im Raum. Frau Oberin steht am Kopfende des Tisches, ergreift eine bereitliegende Glocke und läutet zum Gebet. Ein Kopfnicken der Mutter Oberin, die Stühle scharren, die Frauen setzen sich. Niemand spricht. Frau Oberin füllt ihren Teller mit der dampfenden Speise und beginnt zu essen. Die Schüssel wird weitergereicht, geht von Hand zu Hand und durchwandert wortlos die lange Reihe der Wartenden. Schließlich erreicht sie auch die Letzten am langen Tisch. Man speist stumm. Auch wir Schülerinnen wagen nicht zu reden. Als die Oberin ihre Speisen verzehrt hat, greift sie zur Glocke und gibt das Zeichen für das Ende der Mahlzeit. Gehorsam legen die Schwestern ihre Bestecke zur Seite, falten die Hände zum Dankgebet und verlassen den Speisesaal.

Verblüfft bleiben wir an unseren Tischen sitzen. Was ist das? Wir haben es genau gesehen: Die Schwestern am unteren Ende des Tisches hatten nicht genügend Zeit, um ihre Teller zu leeren. Ohne zu murren haben sie, wie angeordnet, den Speisesaal verlassen. Ungeheuerlich! Wir sind empört! Doch dann ein leises Kichern, wir prusten los, reden und lachen, kümmern uns nicht länger um die verordnete Stille im Haus. „So was hat die Welt noch nicht gesehen!", ruft Bea, und greift noch einmal zur Suppenkelle. Endlich ist die beklemmende Stimmung im Raum verschwunden. Wir sind Schülerinnen und müssen uns den fremden Regeln nicht anpassen. Gott sei Dank!

Kirchentag 1956

Meine Schwester und ich sitzen zwischen vielen jungen Zuschauern in einer städtischen Turnhalle der Großstadt Frankfurt am Main. Unter den vielen kulturellen Angeboten während des Kirchentages 1956 haben wir uns für das moderne Theaterstück *Warten auf Godot* von Samuel Beckett entschieden.

Zwei unbedeutende Landstreicher sowie ein Mann mit Diener warten auf eine Person. Sie kennen sie nicht, sie erscheint nicht, sie spricht nicht zu ihnen. Man nennt sie Godot. Ist es Gott? Voller Hoffnung wartet man auf seine Ankunft. Ein kurzer Dialog ist immer wieder zu hören:

Komm, wir gehen.
Wir können nicht.
Warum nicht?
Wir warten auf Godot.
Ach ja

Doch die erwartete Person erscheint nicht!

Ein spärliches Bühnenbild, ärmlich ausgestattete Schauspieler, kaum Handlung. Wie gebannt erleben wir die absurde Situation des Stückes, lassen uns mitreißen aus unseren bekannten Vorstellungen zu neuen Fragen und Zweifeln. Und Antworten gibt es nicht.
Im prächtigen Landestheater Detmold habe ich vor kurzem in einem Gastspiel *Nathan der Weise* mit Ernst Deutsch erlebt. Der Abend war großartig, und die Aufführung hat mein heiles Bild von Gut und Böse ergänzt und unterstützt. Nun dieses Stück von Beckett! Vertraute Gedanken muss ich aufgeben. Becketts Sätze und Bilder ballen sich im Kopf, bohren Löcher in das mühsam erworbene Weltbild und stellen es in Frage.
Am Tag darauf findet die große Schlussveranstaltung des 7. Kirchentages auf dem Rebstockgelände statt. Ein riesiges Stahlgerüst in Kreuzform ist aufgestellt und weithin sichtbar. Rote Fahnen mit einem weißen Kreuz, große Plakate in Rot, darauf eine ausgestreckte weiße Hand mit dem Wundmal Christi. Über Lautsprecher erschallt in verschiedenen Sprachen die Losung des Kirchentages *Lasset euch versöhnen mit Gott.* Unzählige Menschen sitzen oder stehen dicht gedrängt beisammen unter freiem Himmel, lauschen den Worten von Laien und Pfarrern, hören den Gesang der Chöre und

Solisten, stimmen in Lieder und Choräle ein. Und dann der feierliche Abschluss und Höhepunkt des Kirchentages: Posaunenchöre aus vielen evangelischen Gemeinden der Bundesrepublik intonieren gemeinsam das Abschlusslied *Nun danket alle Gott.* Aus den Kehlen der unübersehbaren Menschenmenge und den zahlreichen chromblitzenden Instrumenten schallt das Loblieb über die Stadt. Ich singe mit.
Währenddessen gehen Diakonissen durch die Reihen der Christen und sammeln Spenden für die Hungernden der Welt.
Die eindrucksvolle Abschlussfeier zieht mich in ihren Bann. In eine Wolke von Sicherheit bin ich gehüllt. Heute gibt es keine Zweifel, keine Fragen. *Warten auf Godot,* das war gestern. Heute erlebe ich Großes in einer Großstadt. Vergessen auch der graue Alltag in unserem kleinen Dorf. Hier gehöre ich zu einer gleichgesinnten Menschenmenge, bin voller Lebensfreude, Zuversicht und Stärke. Ist das Erwachsensein? Habe ich darauf gewartet?

Kunst

Es war wohl nichts Aufsehenerregendes, ein Tag wie viele andere. Doch meine Erinnerung löst ihn heraus aus dem Einerlei der Alltage.
Ich bin in der Unterprima. Der Vater einer Mitschülerin ist seit einiger Zeit Besitzer eines eigenen Autos. War es ein VW? Zusammen mit der Familie fahre ich in eine Stadt. War es Münster? Wir betreten ein Gebäude und stehen in einem Raum voller Gemälde. „Originale sind das." Ich höre die erklärende Stimme nicht mehr. Versunken in eine befreiend fremde Bilderwelt gehe ich durch den Raum, bleibe stehen, schaue.
Spaziergänger in einer Allee. Eine Familie unter Bäumen am See. Ein Paar auf einer Brücke. Ein lesender Mann auf einer

Parkbank. Mädchen unter Bäumen. Eine Frau vor einem Hutladen.
Sind es die friedlichen Szenen, das paradiesische Leben der Bilder, die so unvergessen sind? Oder die hellen, lichtreichen Farben, die ich hier zum ersten mal so hautnah erlebe? Eine bisher nicht gekannte Kraft scheinen sie zu haben. Das leuchtende Orange und Rot, dagegen das Grün in seiner Vielfalt. Und dieses Blau und Violett. Die klaren Farbtöne sind mit großen, freien Pinselstrichen aufgetragen. Ich kann die Spuren auf der Leinwand erkennen. Und dann diese Größe! Ein Gemälde ist mehr als einen Meter breit. Unglaublich! Im Kunstunterricht wurden uns zwar schon viele Abbildungen moderner Kunst gezeigt, doch noch nie habe ich Originale gesehen. Staunend gehe ich von Bild zu Bild, und ein bislang unbekanntes Glücksgefühl macht sich breit. Das nehme ich mit nach Hause.

Eine Party

Man feiert Partys. Auch meine Schwester und ich. Ohne Erwachsene, versteht sich. Eine *Kellerparty.* Mutter und Vater sind einverstanden. Einen Kellerraum dürfen wir ausräumen. Es gibt dort genügend Platz, seit unsere Eltern kein Schwein für den Eigenbedarf mehr anfüttern. Wir weißen die Wände und schreiben mutig mit roter Farbe Werbesprüche darauf. *„Milch macht müde Männer munter!“ „Wer wird denn gleich in die Luft geh'n!“ „Kombiniere...“* prangt in großen Buchstaben neben dem *HB-Männchen* und *Nick Knatterton* an den Wänden. Bunte Krepppapierblumen und Luftballons geben dem Kellerraum den Party-Look, und Kerzen auf Flaschen zaubern stimmungsvolles Licht.
Alte Matratzen und Sommerstühle zum Sitzen, Holzkisten und Bretter als Bar, Tische für Getränke und Speisen werden hergerichtet. Partygeschirr steht bereit. Im *Brezelhalter,*

einem tütenähnlichen Ständer aus glänzendem Chrom, stecken Salzstangen. *Etwas zum Knabbern* liegt auf einer Etagere. Das ist ein Porzellanturm, dessen Etagen aus drei verschieden großen Tellern an einem verchromten Tragegriff übereinander gesetzt sind. Erdnüsse und Salzgebäck sind neu auf dem Markt, dürfen auf keiner Party fehlen, und auf einer Etagère hergerichtet bieten sie auch dem Auge etwas Besonderes. Für die süßen Zungen haben wir *Kalte Schnauze* angefertigt. Das sind aufeinander geschichtete *Brandt's* Kekse, mit palmingehärteter Schokolade zu einem Kuchen in Kastenform zusammengeklebt. Gegen den Hunger gibt es Herzhaftes. Tomaten mit Fleischsalat gefüllt, hart gekochte Eier, in Salzlake eingelegt, Weißbrotschnittchen mit Käse und Cervelatwurst. Mayonnaise aus der Tube, eine Neuerscheinung auf dem Markt, verteilen wir großzügig als weiße, fette Tupfer auf Tomaten, Eier und Käse.

Die wahren Partyknüller aber sind *Käseigel, Zebraschnittchen* und *Toast Hawaii*.

In der Mitte einer großen Glasplatte prangt der *Käseigel*. Eine halbierte Pampelmuse liegt bäuchlings auf einem Salatblatt. An seinen hölzernen Stacheln aus Zahnstochern sind Käsestückchen aufgespießt. Gouda. Eine Weintraube an jeder Stachelspitze vervollkommnet Anblick und Geschmack. Die altbekannten Tomaten, Gurken, und Käseschnittchen verblassen beim Anblick des *Käseigels*.

Für die *Zebraschnittchen* werden Pumpernickel-Brotscheiben mit Butter bestrichen und mit *Scheibletten*, seit Kurzem erst im Handel erhältlich, abwechselnd vielfach übereinander geschichtet und in mundgerechte schwarz-weiße Dreiecke geschnitten. Als dekorative *zebragestreifte* Partyneuheit liegen sie zwischen den gefüllten Tomaten und den *Russischen Eiern*. Auch *Toast Hawaii* können wir anbieten, denn seit Kurzem gibt es in unserem Haushalt einen elektrischen Toaster, und Ananas in Dosen wird im neuen Sortiment des

dörflichen Lebensmittelladens angeboten. Ein gebuttertes Toastbrot wird mit einer Ananas- und einer Käsescheibe belegt und im Backofen erhitzt. Die *Scheiblette* zerrinnt, und als kleiner Käseberg umhüllt sie die exotische Frucht. Die Partygäste lieben diesen Geschmack. Süß und herzhaft zugleich, das ist neu in der Küche. Oder ist es der Name? *Hawaii,* das ist Sehnsucht, Ferne, Urlaubsfreude, Paradies! Wir feiern eine Kellerparty und essen *Hawaiitoast*, *Russische Eier*, *Zebraschnittchen*. Beinahe die ganze Welt ist bei uns zu Gast. Großartig!
Mutter hat noch einen deftigen Kartoffelsalat und Heiß-Heiß-Würstchen für den Abend vorbereitet. Zur Sicherheit! Sie hat Sorge, dass die exotischen Partyhäppchen nicht den Hunger der jungen Leute stillen.
Unsere Gäste kommen. Vier Jungen und fünf Mädchen. Mein Cousin hat drei Jungen aus seiner Klasse mitgebracht. Felix ist dabei.
Zum ersten Mal feiern wir zusammen mit Jungen! Das ist ein aufregendes Wagnis. Beklommen begrüße ich die Gäste. Ich bin so unsicher. Mühsam überspiele ich meine Aufregung, suche nach passender Unterhaltung, lache, spiele die Unbefangene. Partystimmung, wie kommt die auf, wie muss sie sein? Zum Glück gibt es meinen Cousin. Er hat viele Schwestern und weiß deshalb mit Mädchen *und* Jungen umzugehen. Er wird hoffentlich zum Gelingen des Abends beitragen.
Wir essen unsere Partyhäppchen, trinken Erdbeerbowle und Sinalco. Mit Mutters neuem Mixer zaubern wir Milchmixgetränke nach Wunsch der Gäste. Musik gibt es nicht. Es ist kein Plattenspieler im Haus. Die Anlage im Musikschrank von Felix' Bruder ist fest installiert und deshalb nicht zu transportieren. Wir machen Gesellschaftsspiele mit Rätselraten und Zaubertricks. Wir singen Kanons und Schlager. Felix' Vorschlag, alles Reden in Rezitativen zu versuchen,

wird halbherzig angenommen. Nicht jeder traut sich. Natürlich darf es nur lustig zugehen, ein ungeschriebenes Gesetz. Schließlich lässt unsere Befangenheit nach und weicht freudiger Heiterkeit. Wir erzählen, lachen, versuchen mit witzigen Kommentaren und Wortspielen Laune zu verbreiten und einander zu übertrumpfen.

Als um Mitternacht die Gäste das Haus verlassen, bin ich glücklich über den gelungenen Abend. Doch ich komme lange nicht zur Ruhe. Meine Gedanken kreisen um Felix. Ich habe eine Zeit lang neben ihm gesessen. Nicht zu dicht. Er kann herzlich lachen, manchmal wirkt er ernst und still. Er sieht großartig aus! Und dann seine Stimme! Er gefällt mir. Doch ihn ansprechen? Niemals! Als Mädchen tut man das nicht! Der Anstand will es so. Auch mit meiner Schwester rede ich nicht über Felix. Ich habe keine Sprache für meine Gefühle. Hilflos bin ich, stecke Freude, Hoffnungen und Ängste in meine einsame Innenwelt.

Andreasmesse

Ein Knäuel von Drehleier- und Orgeltönen steht über der Stadt. Es ist Andreasmesse, die jährliche Kirmes zu Beginn der Adventszeit.

Es schneit in leichten Flocken. Ich stehe am Lippischen Hof und warte auf Felix. Die erste Verabredung zu zweit.

Seine Klavierstunde muss gleich beendet sein. Aber es kann dauern. Die engagierte Lehrerin bereitet ihn gemeinsam mit ihrem Mann, Dr. von Quellstein, auf ein Musikstudium vor. Da gibt es viel zu bereden.

Erst seit Kriegsende wohnt der jüdische Jurist im Hause. Felix weiß nicht, woher er gekommen ist und was er erlebt

hat. Man spricht nicht, man fragt nicht. Musik ist alleiniger Inhalt der gemeinsamen Gespräche.
Neben dem wöchentlichen Klavierunterricht nimmt Felix auch an den monatlichen Kammermusikabenden teil, die der begeisterte Laienmusiker im Haus veranstaltet. Herr von Quellstein als Geiger musiziert gemeinsam mit einem Kinderarzt, er spielt Bratsche, und einem Polizeiinspektor, er ist Cellist. Felix übernimmt den Klavierpart. „Du musst Literatur, Komponisten und musikgeschichtliche Zusammenhänge kennen lernen. Das kannst du in unserem Kreis. Und philosophisches Wissen kann dir auch nicht schaden", so hatte es geheißen, als Felix zu den Abenden mit Nachdruck gebeten wurde. „Ist nicht immer ganz einfach mit den alten Herren, aber macht auch Spaß", meint Felix.

Heute wollen wir uns nach dem Klavierunterricht zu einem gemeinsamen Kirmesbummel treffen.
Es beginnt zu dämmern, als Felix mit schnellen Schritten auf mich zukommt. Diese Gestalt! Wie schön er ist! Ich bin aufgeregt. Den ganzen Tag schon habe ich auf diesen Moment gewartet. Mein Atem geht schneller. Auch Felix sehe ich seine freudige Erregung an, als wir uns begrüßen. Mit Handschlag natürlich, so ist es schicklich.
Wir schlendern über den Marktplatz, den Wall entlang zum Kronenplatz, Seite an Seite, berühren uns nicht. Ein wenig verlegen und schweigsam zunächst, dann aber reden wir, reden von diesem und jenem. Mühsam verbergen wir unsere Gefühle hinter Gesprächen um Musik, Schule, das bevorstehende Abitur und unsere Berufswahl. Zuckerwatte und Liebesperlen, Herzen aus Honiggebäck mit süßen Liebesschwüren oder frechen Sprüchen aus Zuckerguss verlocken zum Kauf. Bratwurstbuden, Fischstände und Mandelröstereien verströmen ihre Gerüche. Schausteller, Schießbudenbesitzer, Losverkäufer versprechen Attraktionen und den

großen Gewinn. Wir sehen und hören nichts von alle dem, verstecken hinter vielen Worten unsere heimlichen Wünsche. Sind wir wirklich ganz bei der Sache? Felix redet ein bisschen schneller als gewöhnlich, und ich spüre mehr als sonst mein Herz klopfen.

Da dringt eine dunkle, rauchige Frauenstimme aus dem Stimmengewirr an unsere Ohren, fremd und verlockend. Vor uns, in magisch dämmriges Licht getaucht, sitzt eine exotisch anmutende Gestalt auf den Stufen eines hölzernen Karrens. Der ist mit geheimnisvollen Stern- und Tierkreiszeichen bunt bemalt. Von Zukunft spricht die Stimme, von Horoskop, von Lebenswegen. Wir schütteln den Kopf ob soviel Unsinns. „Ihr ganz persönliches Horoskop! Kommen Sie, wagen Sie einen Blick in Ihre Zukunft." Handlinien lesen, Karten legen, Sternzeichen deuten! Die magischen Worte der dunklen Unbekannten ziehen uns an. Wir bleiben stehen, mischen uns unter die Schaulustigen. Nur mal sehen, so zum Spaß! Das eigene Schicksal im Vorhinein kennen, was für eine Möglichkeit!

Die Alte gibt eine Kostprobe ihres Könnens. „Widder und Schütze, das ist eine günstige Sternenkonstellation für eine große Liebe." Wir haben es gehört. Wir schauen uns an. „Unsinn", weiß Felix, doch unsere ungestümen Herzen sind stärker als der Verstand. „Das sind unsere Sternzeichen! Sie passen genau!" Endlich! Der Bann ist gebrochen, die Scheu verschwindet. Keine ernsten Gespräche mehr. Zögernd erst, dann halten wir uns lachend an den Händen, laufen voll übermütiger Freude durch die bunten Straßen mit ihren süßen Verlockungen, genießen die laute Lebenslust der kleinen Stadt. Wir sind verliebt!

Neues beginnt, als an diesem Abend der Jahrmarktzauber seinem Ende zugeht.